VOYAGES
DU CAPITAINE
ROBERT LADE
EN DIFFERENTES PARTIES
DE L'AFRIQUE,
DE L'ASIE
ET
DE L'AMERIQUE:
CONTENANT

L'Histoire de sa fortune, & ses Observations sur les Colonies & le Commerce des Espagnols, des Anglois, des Hollandois, &c.

OUVRAGE traduit de l'Anglois.

TOME PREMIER.

A PARIS,
Chez **DIDOT**, Quai des Augustins, à la Bible d'or.

M. DCC. XLIV.
Avec Approbation & Privilege du Roy.

PRÉFACE.

E qui attendroit-on des Relations de Voyages plus utiles & plus interessantes que des Anglois? La moitié de leur Nation est sans cesse en mouvement vers les parties du monde les plus éloignées. L'Angleterre a presqu'autant de Vaisseaux que de maisons, & l'on peut dire de l'Isle entiere ce que les Historiens de la Chine rapportent de Nankin; qu'une grande partie d'un Peuple si nombreux, demeure habituellement sur l'eau. Aussi voit-on paroître à Londres plus de Journaux de Mer, & de Recueils d'observations, que dans tout autre lieu. Les Anglois joignent à la facilité de s'instruire par les

PRÉFACE.

voies de la Navigation, le désir d'apprendre, qui vient du goût des sciences & de la culture des beaux Arts. D'ailleurs ce n'est pas seulement en qualité de Voyageurs, qu'ils acquierent la connoissance des Pays éloignés. Ils y possedent des Regions d'une vaste étendue, dont ils ne négligent pas toujours les curiosités. Leurs Auteurs prétendent que les terres qui sont occupées par leur Nation, depuis l'extrémité de la Nouvelle Ecosse au Nord, jusqu'à celle de la Nouvelle Georgie au Sud, n'ont pas moins de seize ou dix-sept cent milles de longueur; sans compter leurs Isles, qui forment encore un Domaine si considérable, que la Jamaïque & la Barbade contiennent seules plus de deux cent mille Anglois.

Quoiqu'ils soient bien revenus de l'opinion qu'ils s'étoient for-

PRÉFACE.

mée de la richesse de tous ces Pays dans les premiers tems de leurs découvertes, ou de leurs Etablissemens, il est certain qu'ils en tirent de très-grands avantages. Ils ne disent plus comme autrefois: » Les flots de nos Mers sont d'Ambre-gris; (*a*) le cours » de nos Rivieres, est presqu'in- » terrompu par l'abondance de » l'or; le moindre Minéral que » nous possedons, & que nous » daignons à peine recueillir, » est le cuivre, car nos terres le » portent si près de la surface, » qu'il ne faut que nous baisser » pour en prendre. C'est un Ecrivain serieux, qui s'applaudissoit ainsi de son bonheur en prose. M. Waller, un des meilleurs

___

(*a*) Our seas flow with ambergrease, our Rivers are almost choak'd with gold, and the worst minéral we have, which we think not worth taking up, is copper: for it is so near the surface, that we may almost stoop, and have it, &c. *Pref. of a nevv Relation.*

iv PRE'FACE.

Poëtes d'Angleterre, a fait une peinture des Isles *Bermudes*, qui rappelle les plus délicieuses idées du Paradis terrestre. » Qui ne » connoît pas, dit-il, ces Isles » heureuses, (*a*) où croissent des » limons d'une grosseur énorme; » où le fruit des orangers surpas- » se celui du Jardin des Hesperi- » des; où les perles, le corail,

(*a*) Bermudas wall'd with roks, who does not know,
That happy Island, where huge lemons grow,
And orange trees, which golden fruit do bear
That hesperian gardens boast of none so fair.
Where shining pearls, coral, and many à pound
On the rich shore of ambergrease is found?
The lofty cedar, which to heaven aspires,
The Prince of trees, is fewel for their fires,
The smoack, by which their loaded spit do turn,
For incense might on sacred altars burn,
Their private Roofs au odorous Timber born,
Such as might palaces for kings adorn, &c.
Waller's battle of summer's Island.

PRÉFACE.

» & l'ambre gris, donnent aux
» Côtes une splendeur céleste?
» Là, le Cedre superbe, qui éle-
» ve sa tête jusqu'aux cieux, est
» le bois que les Peuples brûlent
» dans leurs foyers. La vapeur
» qui s'en exhale & qui embaume
» les viandes qui tournent à leurs
» broches, pourroit servir d'en-
» cens sur les Autels des Dieux;
» & les Lambris qu'il fournit à
» leurs appartemens, embelli-
» roient les Palais des Rois. Les
» doux Palmiers y produisent une
» nouvelle espece de vin déli-
» cieux, & leurs feuilles, aussi
» larges que des Boucliers, for-
» ment un ombrage charmant,
» sous lequel on est tranquille-
» ment assis pour boire cette divi-
» ne liqueur. Les figues crois-
» sent en plein champ, sans cul-
» ture, telles que Caton les mon-
» troit aux Romains, pour les
» exciter par la vûë d'un fruit si

» rare, à la conquête de Cartha-
» ge, qui le voyoit naître dans
» son terroir. Là, les Rochers les
» plus stériles ont une sorte de
» fécondité; car régulierement,
» dans plus d'une saison, leur
» sommet aride offre un mets
» voluptueux, dans les œufs de
» plusieurs especes d'oiseaux, &c.

Ces descriptions pompeuses étoient le langage d'une Nation peu accoutumée à voir des figues & des oranges, qui croissent en effet difficilement dans un climat aussi froid que l'Angleterre. Pour l'or, le corail & l'ambre gris, s'il s'en est quelquefois trouvé dans les Colonies Angloises, ce n'est point assez souvent, comme on le verra par quelques endroits de cette Relation, pour donner droit aux Anglois de s'en applaudir dans des termes si magnifiques. D'ailleurs, quoiqu'on ne puisse douter que leurs Plantations ne

PRÉFACE. vij

leur ayent d'abord été fort avantageuses, elles ont souffert de l'altération sur quantité de points; ce qui n'empêche pas néanmoins, qu'ils n'en tirent encore beaucoup d'utilité. Il se trouve là-dessus des détails curieux dans leurs Livres. M. *Litleton* Président de la Barbade, & le Chevalier *Dalby Thomas*, ont écrit avec beaucoup de feu sur cette matiere; & ces explications présentées au Peuple par des Ecrivains si sensés, n'ont pas peu servi à redoubler l'ardeur de la Nation pour le service des Colonies.

On y voit surtout quel est l'esprit de nos voisins, non-seulement à l'égard des possessions qu'ils ont dans les Indes, mais par rapport même à celles d'autrui. Ils poussent la jalousie si loin, qu'un Anglois se tua, dans le siécle passé, du seul regret qu'il avoit conçû de ce que les

a iiij

Espagnols & les Portugais font maîtres de la plus belle & de la plus riche partie de l'Amérique. Mais cette difposition les portant à ne rien négliger dans leurs voyages & à publier toutes les remarques qui peuvent être utiles à leur commerce, il ne fe paffe guères de femaines où l'on ne voie paroître à Londres, le recit de quelque nouvelle Navigation. Les Anglois qui ont fait des voyages remarquables, font fûrs de l'immortalité dans leur Patrie. On voit gravés, dans mille endroits de l'Angleterre, les noms de ceux qui ont fait le tour du monde. En effet ces illuftres Avanturiers, ne méritent pas moins d'être connus, dans tous les lieux où la hardieffe & l'induftrie donnent droit à la gloire.

Le premier fut le Chevalier François Drake. A peine le Détroit de *Magellan* fut-il découvert, que cet audacieux Anglois entreprit le même voyage, pour le pousser beaucoup plus loin. Il s'embarqua au Port de Plymouth le 15 Novembre 1577. Il arriva au Détroit le 21 d'Août de l'année suivante; & se voyant dans la Mer du Sud, le 6 de Septembre, il continua sa navigation au long de la Côte Occidentale de l'Amérique, jusqu'au 43ᵉ degré de latitude du Nord, d'où il tourna par les Indes Orientales, & revint en Europe par le Cap de bonne Espérance. La Mer du Sud avoit été découverte au travers des terres, par *Baco Nunez de Balboa*, qui avoit traversé le premier l'Isthme de l'Amérique. Mais Jean Sebastien Cano, Espagnol, étoit le seul qui eut fait le tour du monde avant le Chevalier Drake.

En 1586, le Chevalier Thomas *Candish* forma la même entreprise, & ne l'executa pas moins heureusement. Deux Hollandois, *Olivier Nord*, en 1598, & *Georges Spilbergen*, au commencement du 17ᵉ siécle firent aussi ce dangereux voyage. Mais le Chevalier Jean *Narbroug*, après avoir passé le Détroit de Magellan dans le cours de l'année 1609, & s'être avancé au long des Côtes jusqu'au Chili, repassa le Détroit, ce que personne n'avoit encore fait avant lui: car les périls que ses Prédécesseurs y avoient courus n'avoient pas eu moins de force pour les empêcher de revenir par la même voie, que le désir d'achever leur cercle autour du Globe. Le *Maire* découvrit plus au Sud, en 1616, un autre passage, auquel il donna son nom. Mais le Détroit n'en étoit pas moins dangereux que celui de Magellan. Ce fut en 1681, qu'un Anglois, nommé

PRÉFACE.

Sharp, trouva le moyen de repasser de la mer du Sud, dans celle du Nord, sans avoir apperçû aucune terre. Ayant traversé l'Isthme de l'Amérique, où il commit quantité de brigandages, il s'embarqua sur la Côte de la Mer du Sud, pour revenir par les Détroits de Magellan ou de le Maire; mais le vent s'étant opposé à son passage, il continua de voguer, & rentra enfin par une Mer ouverte, dans celle du Nord. Le Capitaine Cooke a fait dans le cours des années 1709, 1710, & 1711, un voyage autour du monde, dont il a publié la Rélation en 1712.

Celle que je donne au Public n'a point un objet si vaste; mais elle n'est pas moins propre à faire connoître l'ardeur des Anglois pour tous les objets de fortune & de curiosité. Quoiqu'elle ait été mise en ordre depuis plusieurs années, sur les Journaux & les Mémoires de l'Auteur, elle n'est tombée que depuis fort peu de tems entre mes mains. Toutes les parties en sont si agréables & si interessantes qu'elle m'a paru digne d'une prompte traduction. La naïveté des détails personels; l'importance des observations qui regardent le commerce, la politique, la situation des lieux & la connoissance de ce qu'ils renferment de plus curieux ou de plus utile; en un mot la variété des objets & la multitude des entreprises y présentent sans cesse de nouvelles scénes. Il y a même de l'avantage à tirer pour la morale, du caractere de droiture & de probité qui se soutient constamment dans les deux Négocians, dont on lit les projets & les expéditions. S'ils étoient conduits par la passion de s'enrichir, leurs motifs étoient fort differens de ceux de l'avarice ; & l'intérêt qu'on prend au cours de leurs affaires, en fait voir avec joie le succès.

Les détails qui concernent la nouvelle Géorgie, la Baye de Hudson, divers endroits des Côtes d'Afrique, la Nation des *Muschetos*, & plusieurs parties des Etablissemens Espagnols & Hollandois, contiennent tant de particularités qui n'ont jamais été publiées, qu'on ne se plaindra point d'y trouver comme dans la plûpart des nouvelles Relations, la répétition de ce qu'on a déja lû sous d'autres titres.

L'aversion que j'ai pour le merveilleux sans vraisemblance, m'a fait retrancher, à l'article de *Saint Vincent*, de longs recits, dont je n'ai pas mieux senti l'agrément que l'utilité. Je n'aurois pas même fait grace à l'Histoire du Dragon, & des Reptiles, si je ne m'étois souvenu qu'on en trouve des traces dans plusieurs autres Relations. Qui se persuadera que des hommes aussi grossiers que les Caraïbes, ayent parmi eux des Magiciens & des Sorciers, lorsque dans les Pays les plus éclairés de l'Europe, où la corruption du cœur n'a porté que trop souvent des gens d'esprit à vouloir s'initier dans ces odieux Mistéres, & d'autres du moins à vouloir les approfondir, il ne s'est encore rien offert qui puisse leur donner le moindre crédit ? Les Isles des Caraïbes ont des Imposteurs, dont les prestiges sont proportionés sans doute à l'ignorance & à la crédulité de cette Nation. Ce n'est point à la vûë des Européens, qu'ils ont la hardiesse de les exercer ; & je ne me souviens point en effet d'avoir lû qu'aucun Voyageur Anglois ou François, ait jamais été témoin

de

de leurs enchantemens. Mais les Sauvages, qui donnent aveuglement dans toutes sortes de pieges, paroissent persuadés de toutes ces merveilles dans les recits qu'ils en font aux Européens : & la persuasion est presque toujours contagieuse. Quelle apparence aussi, que s'il éxistoit une vallée remplie de pierres précieuses, dans une Isle, dont l'accès n'est pas refusé aux Etrangers, le même motif qui a fait traverser les Mer, & découvrir de nouveaux mondes, au travers de mille dangers, n'eût pas fait surmonter depuis long-tems, les obstacles qui nous dérobent de si précieux trésors.

On n'a joint à cet Ouvrage, avec la Carte générale, qu'une seule Carte particuliere qui convient aux principaux événemens, parce qu'il en auroit fallu trop souvent de particulieres, si l'on

Tome I.

avoit entrepris de suivre nos Voyageurs à la trace. L'Ecrivain Anglois laisse entrevoir dans plus d'une occasion, le motif qui lui a fait supprimer les hauteurs, lorsqu'il est question de cette riche Côte d'Afrique, qui devint le fondement de sa fortune. Ce n'est pas la premiere fois que l'intérêt ait fait garder le silence aux Négocians sur les voies du commerce. Mais on peut regarder cette suppression même, si elle est volontaire, dans un lieu où l'on est porté à la regréter, comme un caractere de bonne foi pour le reste de l'Ouvrage; puisqu'avec moins de respect pour la vérité, il auroit été facile de remplir ce vuide par des suppositions imaginaires.

VOVAGES

VOYAGES
DU CAPITAINE
ROBERT LADE
ET DE SA FAMILLE.

A pauvreté est un puissant aiguillon pour le courage, & j'ose dire pour toutes les vertus, sur-tout dans ceux qui sont tombés de l'état d'opulence, & qui ont pour double motif la misére d'une Epouse & de plusieurs enfans. Mes Voyages & mes plus difficiles entreprises n'ont point eu d'autre cause. J'avois reçu de mes Ancêtres un bien considérable, dont je me vis dépouillé dans l'espace de peu de jours par les fameuses révolutions de l'affaire du Sud. Je me trouvois marié depuis quinze ans, âgé d'environ quarante,

& chargé d'une nombreuſe famille. Le déſeſpoir m'auroit fait prendre quelque réſolution funeſte à ma vie, ſi l'exemple d'un grand nombre de mes amis, qui étoient ſortis de l'indigence par la voye du Commerce, ne m'eut paru une reſſource qui me reſtoit encore à tenter.

On conçoit qu'étant ſans biens, je ne me propoſois pas d'imiter ceux qui avoient accumulé des richeſſes ſur leur propre fond. Il falloit commencer par me rendre utile au ſervice d'autrui, & je n'avois à mettre dans mon entrepriſe que de la probité & de l'induſtrie, deux qualités par leſquelles je m'étois fait connoître aſſez heureuſement. Après avoir fait le calcul de ce que je pouvois tirer de mes meubles, unique reſte de ma fortune, ſur lequel je ne laiſſois pas de fonder quelques eſpérances particulieres, je fis confidence de mon embarras & de mes deſſeins à Georges Sprat, un de nos plus riches Marchands, qui avoit deux Comptoirs également accrédités, l'un dans nos Colonies d'Amérique, & l'autre aux grandes Indes. Il connoiſſoit anciennement ma famille, & quoique je n'eusse point de liaisons fort étroites avec lui, j'étois sûr qu'ayant toujours fait ma demeure dans son voisinage, il ne pouvoit avoir qu'une favorable opinion de mon caractere. Il reçut honnêtement mes ouvertures, il me fit expliquer non-seulement l'histoire de ma disgrace, mais l'état présent de mes affaires, & celui de ma famille. Sa curiosité, ou l'intérêt qu'il prit tout d'un coup à ma fortune, l'amena chez moi dès le lendemain, & la vûe de ma femme & de mes enfans, dont la tristesse rendoit assez témoignage au malheur de notre condition, acheva d'échauffer son zéle en ma faveur.

Après avoir laissé passer quelques jours sans me communiquer ses desseins, il me parla d'un Vaisseau qu'il faisoit partir pour Bengale avant la fin du mois, & pour lequel il avoit besoin d'un Supercargoes, que je pouvois être, si je voulois confier mes espérances à la Mer. J'acceptai cette offre, comme une faveur qui les surpassoit beaucoup; car dans mes premieres vûes, je n'avois pensé qu'à obtenir quelque emploi plus borné dans l'un de ses deux

Comptoirs. Je conçus qu'avec l'autorité & les privileges d'un Supercargoes, je pourrois tirer un profit considérable des marchandises que je voulois acquérir du prix de mes meubles, sans compter les autres avantages qui sont propres à cette commission. M. Sprat m'apprit lui-même tout ce que je devois espérer d'un premier Voyage. Mais en prenant soin d'arranger mes préparatifs, il supposa trop généreusement que je me reposerois sur lui dans mon absence, de la conduite & de l'entretien de ma famille; elle étoit composée de trois garçons & de deux filles. Mon aîné avoit quatorze ans, la premiere de mes filles en avoit treize, & la seconde un peu plus d'onze; le plus jeune de mes deux derniers fils n'en avoit que sept.

Mes vûes n'étoient pas encore bien éclaircies sur la maniere dont je devois pourvoir à leur subsistance pendant mon Voyage. J'avois pensé que l'aîné de mes fils pouvoit m'accompagner, & je n'étois pas sans espérance que la mere de ma femme, qui vivoit encore dans une fortune fort médiocre, consentiroit à se charger de la fille & de nos quatre autres enfans ; ce fut la réponse que je fis aux propositions de M. Sprat. Mais sa chaleur paroissant redoubler pour me rendre service, il me représenta que cette disposition de ma famille feroit trop connoître au Public la ruine de mes affaires ; qu'à la veille de les rétablir, il falloit soutenir les apparences jusqu'à mon retour ; que remettant ses intérêts entre mes mains, il ne pouvoit trop faire pour m'attacher à lui, & que la dépense d'une année d'entretien dont il vouloit se charger pour ma maison, seroit bien compensée par la fatigue & les peines ausquelles j'allois m'exposer, pour le soin de son Commerce. Je ne voyois encore dans toutes ces instances que des attentions honnêtes, ausquelles l'intérêt pouvoit avoir autant de part que l'amitié ; mais ma femme qui m'aimoit avec beaucoup de tendresse, avoit fait d'autres observations qu'elle se hâta de me communiquer. M. Sprat n'étoit pas venu chez moi, sans ouvrir les yeux sur le mérite de ma fille aînée, ses sentimens n'avoient pû se dérober aux yeux d'une mere, & l'affectation même qu'il avoit apportée à les déguiser, sembloit les rendre suspects. Ce récit ne me causa point toute l'inquiétude que je voyois à ma femme : Que devois-je craindre de l'amour de M. Sprat pour une fille de treize ans, qui ne s'éloigneroit pas un moment de sa mere? D'ailleurs il n'étoit point marié, & ma naissance étant supérieure à la sienne, je pouvois me flater que son inclination, joint aux services que j'allois lui rendre, pourroit le faire passer quelque jour sur l'inégalité de la fortune. Ma femme surprise de mes objections, ne balança plus à s'ouvrir tout-à-fait. Elle m'apprit que si sa fille avoit gagné le cœur de M. Sprat, le Commis de ce Négociant, pour qui son Maître avoit une confiance absolue, n'avoit pas pris des sentimens moins tendres pour elle-même; & que dans les visites qu'ils nous avoient rendues depuis moins de quinze jours, ils lui avoient fait entendre assez clairement ce qu'ils se proposoient tous deux, aussi-tôt que je serois éloigné. Malgré le triste état de mes affaires, l'intérêt n'étoit pas capable de me faire oublier l'amour & l'honneur. J'éprouvai même à l'instant toute la force d'une paſſion que je n'avois jamais connue, parce que la conduite de ma femme n'avoit jamais été propre à me la faire ſentir. Je parle de la jalouſie, qui fut aſſez violente dès le premier moment, pour me faire renoncer à toutes les eſpérances que j'avois conçues de M. Sprat. Cependant après quelques réfléxions ſur ſon projet, je me perſuadai que devant beaucoup moins de reconnoiſſance à un homme qui ſe propoſoit de ſéduire ma femme & ma fille, il m'étoit permis d'employer quelque honnête artifice pour aſſurer tout à la fois ma fortune, & l'honneur de ma famille. Je revins à l'idée que j'avois eue de me procurer un office de Comptoir, ſans renoncer à celui de Supercargoes; & penſant ainſi à m'établir dans les Indes, je réſolus de ne quitter l'Angleterre qu'avec ma femme & mes enfans. Il falloit déguiſer ce deſſein à M. Sprat; j'évitai de lui parler de ma famille, comme ſi j'euſſe accepté ſes premieres offres, & je lui demandai pour nouvelle faveur, de m'accorder quelque emploi dans un de ſes Comptoirs. Loin de m'arrêter par des objections, il ſe préra si facilement à mes desirs, que je demeurai plus persuadé que jamais de ses vûes sur ma fille, & de l'avantage qu'il espéroit tirer de mon éloignement.

Dans cette situation je me hâtai de vendre mes meubles, & j'en convertis le prix en Montres d'or, & en ouvrages d'Orfévrie. Quelques Diamans de ma femme avoient fait la principale partie de ma somme; car outre que la valeur de mes meubles étoit médiocre, je fus obligé de laisser toute meublée, jusqu'à mon départ, la Salle où j'étois accoutumé de recevoir M. Sprat; & ne voulant point qu'il eut le moindre soupçon de mon projet, je convins avec ma femme, que suivant les résolutions que nous prîmes ensemble, elle disposeroit de ce reste de nos biens, dans les derniers momens. Le jour étant arrivé pour mettre à la voile, je pris congé d'elle & de mes enfans le 2 d'Avril 1722, dans la présence de M. Sprat & de son Commis, qui m'accompagnerent ensuite jusqu'à Gravesend; mais dès la nuit suivante ma femme s'étant délivrée heureusement de tous les embarras dont elle reſtoit chargée, partit avec mes enfans pour me venir joindre à Sandwich, où je devois relâcher. Son voyage & le mien ſe firent avec tant de bonheur, que je la reçus à bord le troiſiéme jour, avec des mouvemens incroyables de tendreſſe & de joie.

Notre Vaiſſeau, qui ſe nommoit le Depfort, portoit vingt-deux hommes d'Equipage, & la Cargaiſon conſiſtoit preſque entierement en Draps & en Etoffes d'Angleterre. M. Rindexly, notre Capitaine, parut ſurpris de l'arrivée de ma famille; je l'avois ſi peu prévenu, que manquant de pluſieurs commodités néceſſaires, nous fumes obligés de paſſer un jour entier à Sandwich, pour nous les procurer. Nos intérêts étant liés par des eſpérances communes de profit, je ne balançai point à lui communiquer l'état de mes affaires, & les raiſons myſtérieuſes de ma conduite. Il m'applaudit, en me promettant ſon amitié & ſes ſervices. Les premieres occupations de ſa vie n'avoient pas été des affaires de Commerce; il s'étoit ruiné comme moi, mais par le déſordre de ſa conduite, & cherchant des reſſources ſur Mer, il

A v

étoit parvenu à commander succeſſivement pluſieurs Vaiſſeaux, qu'il avoit conduits fort heureuſement. La confiance des Marchands à ſa bonne fortune, alloit juſqu'à ſe le diſputer pour Capitaine, & chacun cherchoit à ſe l'attacher par les plus grandes récompenſes. Notre amitié n'ayant fait qu'augmenter tous les jours, il m'apprit l'hiſtoire de ſa ruine, qui ne fut qu'une relation d'avantures voluptueuſes, mais qui ſervit à me faire eſtimer d'autant plus le fond de ſon caractere, qu'il ne s'étoit perdu que par des excès de généroſité & de bonne foi.

Le vent fut ſi favorable à notre navigation, qu'ayant doublé les Caps d'Eſpagne en ſix jours, nous découvrîmes vers le ſoir du neuviéme jour les Côtes d'Afrique. Cependant le tems étant devenu plus gros à l'entrée de la nuit, & l'eau de la Mer paroiſſant jaune du côté de la terre, nous fondâmes, avec quelque inquiétude pour les Bancs de ſable, qui étoient marqués ſur nos Cartes. Nous trouvâmes trente braſſes, & puiſant un ſeau de cette eau jaunâtre, nous reconnûmes que le goût n'en étoit pas different des autres eaux de la Mer. Le lendemain, qui étoit le 14 d'Avril, nous continuâmes d'appercevoir les Côtes, & nous vîmes divers Oiseaux de la grandeur des Ramiers. L'eau ne nous parut plus jaune, elle étoit verte & azurée ; nous ne trouvâmes aucun fond sur 70 brasses d'eau. Le 15 nous prîmes un bon fond de sable sur 22 brasses, la sonde amena de petites pierres luisantes, ce qui nous fit croire qu'il y avoit là quelque matiere Minérale. Le 16 nous eûmes un fond sur 70 brasses, & vers le Midi nous vîmes flotter autour de notre Vaisseau quantité de bois. A deux heures après midi, la terre se montra fort clairement, & le Capitaine continuant sa route sans aucune marque d'embarras, me dit que nous n'avions aucune raison de nous en éloigner. Une heure après, nous vîmes du côté de la Côte, dont nous n'étions plus gueres qu'à douze mille, une Chaloupe à voiles & à rames, équippée de huit hommes. Nous les prîmes d'abord pour des Chrétiens, échappés de quelque orage, mais quand ils furent plus près, nous les reconnûmes pour des Négres. Ils jetterent des cris en nous appercevant, nos gens en jetterent aussi; enfin nous ayant fait un signe d'amitié, ils s'avancerent, & l'un d'eux nous fit une harangue assez longue, à laquelle nous répondîmes sans l'entendre, & sans nous flater d'être entendus. Ensuite ils monterent hardiment sur notre Bord, leurs épaules étoient couvertes d'une peau de quelque animal sauvage; ils en portoient une autre autour des reins, qui leur couvroit les parties naturelles. Leur Orateur, qui paroissoit aussi leur Chef, étoit habillé de noir, il avoit une culotte, des bas, des souliers, une ceinture, un chapeau, & deux ou trois de ses gens avoient aussi des habillemens à la Chrétienne. Ils se servirent d'un morceau de craye, pour nous faire le plan de la Côte voisine, en prononçant divers mots qui nous parurent en usage chez les Chrétiens. Nous jugions même à leurs manieres, qu'ils nous entendoient mieux que nous ne croyions les entendre; & par leurs signes du moins ils s'efforçoient de nous assurer, que nous pouvions approcher de la terre sans aucun risque.

Nous n'avions pas d'autre besoin

que de bois à chauffer, dont nous avions fait mauvaife provifion, parce que nous avions compté fur un tems plus doux. Le Capitaine appercevant de beaux arbres, & d'agréables collines chargées de bois, réfolut de mouiller derriere un Cap qui s'avançoit vers nous, & qu'il prit même pour une Ifle. Nous y trouvâmes 15 braffes de fond, & toutes les apparences étant tranquilles, nous prîmes le parti d'y paffer la nuit. Dès le matin, nous defcendîmes à terre au nombre de douze, armés de fufils & de haches, pour couper du bois. Le rivage étoit bas & fablonneux, mais en montant fur la premiere colline qui n'en étoit éloignée que d'un mille, nous fûmes furpris d'y trouver quantité de pois & de fraifes, & furtout une multitude étonnante de figuiers fauvages ; le bois de chauffage que nous y prîmes, étoit du cyprès & du bouleau. Le bruit de nos haches attira quelques Négres, qui n'oferent s'approcher ; ce qui nous confirma dans l'opinion, que les premiers n'étoient pas des habitans du même Pays, ou que s'ils étoient Afriquains, ils étoient de la Côte qui regarde l'Europe.

Nous eumes jufqu'au 14 une Navigation douce & paisible. Il n'y avoit personne dans le Vaisseau qui connût assez la Geographie, pour nous faire prendre une autre idée de ces parties de l'Afrique que par leur hauteur. A 20 milles d'un Cap que nous quittions, nous trouvâmes une autre pointe, qui nous fit éprouver pour la premiere fois quelques mouvemens de crainte ; car tandis que nous faisions des bordées pour doubler ce passage, nous tombâmes tout d'un coup dans un bas-fond, d'où nous eumes une peine mortelle à nous tirer. Nous portâmes ensuite le Cap vers la Côte, & nous mouillâmes à l'entrée de la nuit sur huit brasses de bon fond. J'étois surpris de cette maneuvre du Capitaine, qui affectoit de ranger continuellement une Côte si dangereuse. Le tems étant fort beau, nous envoiâmes notre Chaloupe pour sonder au-delà d'un Banc de sable, près d'une autre pointe. Le fond s'y trouva bon, & le Capitaine nous fit prendre aussi-tôt cette route. Avant la fin du jour, plusieurs petits Bateaux joignirent notre bord. Les Negres qui les conduisoient avoient tous à leurs oreilles des anneaux jaunes que nous prîmes pour de l'or. Ce fut alors que je crus pénétrer le dessein du Capitaine, & lui ayant communiqué ma pensée, il me confessa secrétement que je ne me trompois pas dans ma conjecture. Il avoit appris d'un autre Capitaine Anglois, que dans plusieurs endroits de cette Côte, les Negres avoient des amas considérables de poudre d'or, & qu'étant sans commerce avec les Européens, ils en connoissoient peu la valeur. La couleur de leurs anneaux ayant achevé de le persuader, il me recommanda le silence avec tous les Gens du Vaisseau, & me faisant esperer quelque occasion de nous enrichir, il se flatta que nous pourrions en profiter sans admettre personne à notre secret.

Quoique nous ne pussions tirer aucun éclaircissement des Negres, qui nous avoient abordés, nos propres observations nous firent juger que cette Côte étoit fort peuplée. Outre beaucoup de fumée que nous appercevions du côté de la terre, nous crumes découvrir quantité de Negres qui couroient le long du rivage. La douceur des prémiers fit prendre au Capitaine une idée favorable de leur Nation.

D'ailleurs il falloit risquer quelque chose avec de si grandes espérances. Il me déclara d'un air ferme que sa résolution étoit de se mettre dans la Chaloupe avec cinq ou six de ses Matelots les plus stupides, & il me demanda si je me sentois assez de courage pour l'accompagner. Le regret que j'avois d'abandonner ma femme & mes enfans, me fit naître d'abord quelques objections; mais considérant aussi que le Ciel m'offroit peut-être une occasion que je ne retrouverois jamais, je ne mis qu'une condition à notre entreprise : ce fut d'arrêter dix des onze Negres qui étoient montés dans notre Bord, après les avoir traités assez civilement, pour leur faire comprendre que notre dessein n'étoit pas de leur nuire, & d'emmener avec nous l'onziéme, qui ne manqueroit pas de rendre témoignage de notre conduite & de nos intentions. Ma pensée étoit de nous précautionner contre la trahison, en gardant ainsi des Otages ; & le danger d'irriter toute la Nation par cette espece de violence, me paroissoit bien moindre que celui de nous livrer sans aucune sorte de précautions. Ayant fait goûter cet avis au Capitaine, nous offrîmes des rafraîchissemens aux Negres, nous leur fîmes divers présens que nous accompagnâmes de beaucoup de caresses, & tâchant de leur faire comprendre notre dessein par nos signes, nous les laissâmes dans notre Bord après avoir donné ordre à nos Gens de ne pas se relâcher de leurs civilités. Celui que nous fîmes descendre avec nous dans la Chaloupe avoit le visage peint de rouge, & la tête entourée de plumes, ce qui nous le fit prendre pour un homme de quelque rang dans sa Nation. Il marqua si peu de résistance à nous suivre & à laisser derriere lui ses Compagnons, que ne doutant plus qu'il n'eut pénétré nos sentimens, nous ne fîmes aucune difficulté de suivre la route qu'il nous marqua pour gagner le rivage. A mesure que nous avancions, le nombre des Negres nous paroissoit augmenter sur la Côte, & commençant à les appercevoir distinctement, nous jugeâmes que c'étoit l'admiration qui les attiroit pour nous voir arriver. Le Capitaine s'étoit muni de plusieurs petits Miroirs, de quelques paires de Cizeaux, & d'un grand nombre de Mouchoirs de toile rouge. Il mit un de ces Mouchoirs au cou du Negre qui nous accompagnoit. Il lui avoit déja donné un Miroir, qui lui avoit paru un préfent merveilleux, & dans lequel il ne fe laffoit point de fe regarder.

Nos armes étoient nos Epées, des Fufils & des Haches, que nous avions cru devoir porter particulierement à toutes fortes de hazards. Nous étions fept, en y comprenant le Capitaine & moi. En arrivant au rivage, qui étoit bordé d'une foule de Negres, nous étendîmes les mains en figne de paix & d'amitié. Mais notre Guide nous épargna l'embarras de nous expliquer davantage. Ayant fauté à terre auffi-tôt, ou plutôt s'étant élevé dans l'eau qu'il avoit encore jufqu'à la ceinture, il dût faire en peu de mots un récit bien favorable à tous ceux qu'il rencontra, puifqu'il s'éleva des cris & des témoignages de joie qui ne purent nous paroître équivoques. Nous fûmes reçûs effectivement comme des Anges du Ciel. Plufieurs Negres, qui paroiffoient diftingués entre leurs Compagnons, nous offrirent la main pour nous aider à descendre de la Chaloupe, & remarquant que nous faisions passer le Capitaine à notre tête, ils conçûrent que c'étoit lui qu'ils devoient regarder comme notre Chef.

Ils nous conduisirent jusqu'à leur Habitation, qui n'étoit qu'à un demi mille du rivage. Quoique les témoignages de leur amitié ne se démentissent point sur la route, leur curiosité nous étoit souvent incommode. Ils vouloient voir nos Epées & nos Fusils. Ils examinoient la figure de nos Habits. Ils nous prenoient les mains, comme s'ils en eussent admiré la couleur. Le Capitaine ayant refusé de leur abandonner son Fusil & son Epée, nous suivîmes son exemple ; ce qui n'empêchoit point qu'ils ne portassent continuellement la main à nos armes, pour y fixer plus curieusement leurs yeux. Enfin nous arrivâmes à leur Bourgade, qui n'étoit qu'un misérable assemblage de Cabanes sans ordre, & la plûpart composées de terre & de branches d'arbres. Nous crûmes entendre par leurs signes qu'il y avoit plus loin une Habitation nombreuse & mieux bâtie, où leur Roi faisoit apparemment sa résidence. Le Païs n'étant point couvert par des Montagnes, ni par des Bois, comme celui dont nous avions approché trois jours auparavant, il étoit si sec & si stérile, qu'à peine avions-nous apperçû quelques arbres, & quelques traces de verdure dans le chemin que nous avions fait depuis la Mer.

Toute la Nation, hommes & femmes, étoit nuë jusqu'à la ceinture, & n'étoit couverte autour des reins que d'une large bande de peau, dont le poil avoit été coupé ou brûlé. La plûpart portoient des anneaux aux oreilles, & l'avidité du Capitaine augmentant à cette vûë, il avoit déja fait entendre à quelques Negres, que pour leurs anneaux il donneroit volontiers un petit Miroir ou une paire de Cizeaux. Il en obtint ainsi quelques-uns, & se persuadant, plus il les considéroit, que c'étoit véritablement de l'or, il m'avertissoit à voix basse que nous touchions au tems de la fortune. Je ne pouvois rien opposer à cette prévention. Cependant mes yeux ne me rendoient pas le même témoignage que les siens, & la couleur du métail qui me paroissoit un jaune beaucoup plus foncé que l'or, me laissoit des soupçons. J'essayai même de plier quelques anneaux, & la facilité avec laquelle ils cédérent à des efforts assez médiocres, augmenta mon incrédulité. Un Chef des Negres, qui étoit, sans doute, le prémier de l'Habitation, nous ayant fait entrer dans sa Cabanne, on nous y offrit des Viandes cruës, avec une Liqueur dont nous ne pûmes boire après en avoir goûté. Mais nous mangeâmes volontiers d'une espéce de fruit, qui avec moins de grosseur que nos Melons, en avoit à peu près le goût & la couleur. Notre confiance augmentant pour des Hôtes si doux & si caressans, nous ne fîmes plus difficulté de laisser manier nos armes à celui qui nous traitoit. Il nous parut qu'il ne connoissoit point l'usage de nos fusils; mais le plaisir qu'il prenoit à considérer nos haches, nous ayant fait juger qu'il en concevoit l'utilité, le Capitaine lui offrit la sienne qu'il accepta avec des transports de joie ; &

pour ne laisser rien manquer au présent, nous y joignîmes deux miroirs, & quatre mouchoirs de toile rouge.

Les Negres avoient fort bien compris que leurs anneaux nous plaisoient. Nous fûmes agréablement surpris à la fin du repas, de nous en voir offrir deux ou trois poignées, que le Chef tira lui-même d'un trou pratiqué dans le mur. Nous ne nous fîmes pas presser pour les recevoir, & le Capitaine charmé de cette galanterie, résolut aussi-tôt d'en marquer sa reconnoissance avec éclat. Il avoit observé sur le Vaisseau que rien n'avoit fait plus de plaisir aux Negres, que l'Eau-de-vie qu'on leur avoit fait boire, & quelques pieces de Bœuf salé qu'on leur avoit abandonnées sans préparation. Il fit partir deux de nos Gens, accompagnés du Negre qui nous avoit conduits, avec ordre d'apporter du Vaisseau un baril d'Eau-de-vie, & un tonneau de viande salée. Il recommanda qu'on y joignît du Biscuit pour notre propre usage ; & le Negre qui nous avoit servi de Guide, comprenant par nos signes qu'il alloit apporter de cette Liqueur dont il avoit pris tant de plaisir à boire, ne manqua point de répandre une si bonne nouvelle. Il fut suivi jusqu'au rivage par un grand nombre de ses Compagnons, qui marquerent beaucoup d'envie d'entrer dans la Chaloupe; mais l'ordre étoit donné de n'y recevoir que lui, & n'ayant point douté que les plus curieux ne se missent dans leurs petits Bateaux pour gagner notre Bord, le Capitaine avoit ordonné aussi que sans employer aucune violence, on leur permît seulement d'approcher au pied du Vaisseau, afin qu'ils pussent apprendre de leurs Compagnons avec quelles caresses on les y avoit retenus.

Pendant ce tems-là, nous raisonnions, le Capitaine & moi, non sur la qualité du Métail, que nous étions résolus d'emporter malgré mes doutes, mais sur les moyens de nous en procurer la plus grande quantité qu'il nous seroit possible. Nous aurions souhaité de pouvoir découvrir d'où les Negres le tiroient, & nous balançâmes dans cette pensée si nous ne devions pas pénétrer plus loin dans les terres, pour gagner cet autre lieu où nous avions crû comprendre que résidoit leur Chef. Mais quelle apparence de nous éloigner du Vaisseau, & de porter la confiance à ce point pour des Barbares ? Nous traversâmes néanmoins l'Habitation, pour en observer les environs, du côté opposé à la Mer. Nous n'y trouvâmes que des champs stériles, à la réserve de quelques langues de terre qui paroissoient cultivées dans les fonds, & qui servoient de pâturage à différentes sortes d'animaux. Nous en découvrîmes de beaucoup plus étenduës à mesure que nous avancions ; & la seule curiosité nous y auroit conduits pour observer quelle sorte d'herbes ou de grains elles produisoient, si nous n'avions été frappés tout d'un coup par la vûë d'une grande Riviere, dont nous n'avions encore apperçû ni le lit, ni l'embouchure. Nous tournâmes aussi-tôt de ce côté-là, & quelques petites collines, qui nous avoient jusqu'alors dérobé la perspective, s'abaissant bien-tôt devant nous, nos regards eurent une carriere sans fin pour s'étendre. Nous vîmes dans l'éloignement, non-seulement de vastes Forêts, mais des Prairies immenses, ou du moins des terres couvertes

de

de verdure. La vûë se perdoit à remonter la Riviere, & quantité de Bateaux qui la descendoient ou qui étoient attachés au long des rives, ne nous permirent pas de douter qu'il n'y eut quelque relation de commerce entre les Habitans du Païs. Ayant gagné le bord de l'eau, nous y trouvâmes deux Barques chargées d'onze ou douze Negres qui étoient armés d'arcs & de fléches. Ils s'occupoient à mettre à terre deux Taureaux qu'ils paroissoient avoir tués à coup de Fléches, & quantité d'autres animaux sauvages ; ce qui nous fit juger qu'ils revenoient de la chasse, & que la Riviere leur servoit ainsi à rapporter leur proie des Forêts. Sa largeur étoit au moins d'un demi mille. Entre plusieurs autres Bateaux que nous vîmes passer, nous remarquâmes que les uns étoient chargés aussi d'animaux tués, & d'autres de bois & de branches d'arbres. L'attention de notre Capitaine s'attachoit moins à ce spectacle, qu'à examiner le sable de la Riviere d'où il soupçonnoit que les Negres tiroient la matiere de leurs anneaux. Il en prit plusieurs poignées, qu'il passoit soigneusement dans ses doigts ; &

Tome I.   B

quelques pailletes jaunâtres qui reftérent fur fa main ne lui permettant plus de méconnoître ce qu'il cherchoit, il les approcha de l'oreille d'un Negre, pour lui faire entendre qu'il croyoit leurs anneaux du même métail. Ce Negre, qui étoit celui dont nous avions reçu des rafraîchiffemens, comprit tout d'un coup fa penfée ; & nous faifant defcendre au long de la Riviere l'efpace d'environ deux milles, il l'attira dans un endroit fort fablonneux, où nous découvrîmes tout d'un coup ce qu'il vouloit nous faire remarquer. C'étoit un grand nombre de claies fort ferrées, qui formoient différens angles, & qui en donnant paffage à l'eau, pouvoient retenir les petits corps étrangers qu'elle charioit avec elle. Mais l'idée que nous avions du fable d'or ne s'accordoit point encore avec ces machines ; car il n'étoit pas vraifemblable qu'il pût être arrêté par des claies, qui toutes ferrées qu'elles étoient, ne retenoient pas le fable ordinaire. Cependant l'ardeur du Capitaine lui ayant fait examiner toutes ces claies, tandis que les Negres qui étoient avec nous faifoient de leur côté les mêmes recherches, il s'y trouva, non pas du sable d'or, comme nous nous l'étions imaginé, mais quelques petits lingots de différente forme & de grosseur inégale, dont l'un n'étoit guéres moins épais que le petit doigt de la main, sur la longueur d'environ deux pouces. Quoiqu'il ne fût point sans mêlange, nous le reconnûmes si clairement pour un métail, qui ressembloit à celui des anneaux, que le Capitaine ne put modérer sa joie. Il me fit observer que la grossiereté des Negres leur faisoit sans doute négliger la poudre d'or qu'ils ne pouvoient convertir à leur usage, & que s'attachant aux lingots dont ils composoient leurs anneaux, ils méprisoient absolument le reste. Comme il ne s'en trouvoit qu'un fort petit nombre, nos espérances paroissoient réduites aux anneaux des Negres, dont nous étions bien résolus de ne laisser derriere nous que ce qu'ils refuseroient de changer contre nos Marchandises; à moins que nous ne pûssions nous ménager la liberté de passer quelque tems dans le Païs, & d'employer notre industrie sur la Riviere avec plus de soin &

de discernement, que les Negres.

Cependant lorsque nous fûmes retournés à l'Habitation, il nous vint à l'esprit, que recueillant sans cesse ce qui se trouvoit dans leurs claies, ils pouvoient avoir quelque amas de ce précieux métail, & notre curiosité du-moins nous faisoit souhaiter d'apprendre s'ils le changeoient aussi-tôt en anneaux, & quelle méthode ils avoient pour lui donner cette forme. Les Gens que nous avions envoyés au Vaisseau en étoient revenus dans notre absence, avec ce que nous leur avions ordonné d'apporter. Ils n'avoient pas eu peu d'embarras jusqu'à notre retour, à repousser les Negres qui vouloient faire l'essai de nos provisions. Mais nous ne pûmes douter que celui qui nous avoit accompagnés ne fût leur Chef, lorsqu'à son arrivée toute la foule qui environnoit nos Gens se dissipa. Nous lui offrîmes aussi-tôt un verre d'Eau-de-vie, qu'il ne voulut prendre qu'après nous avoir vû boire avant lui. Il en fut si satisfait, quoiqu'il ne l'eût pas bû sans faire quelques grimaces, qu'il s'en fit donner un second verre ; & loin d'en offrir aux autres, il se hâta de prendre quelques grands vaisseaux de terre dans lesquels il vuida le baril, & ne les serra pas moins promptement dans un trou de sa Cabane. Notre bœuf salé flatta beaucoup aussi son goût. Il vuida de même le tonneau, en examinant successivement toutes les pieces, & la satisfaction qui paroissoit sur son visage marquoit la joie qu'il ressentoit de notre présent. Le Capitaine prit ce moment pour lui témoigner par des signes que nous pouvions lui renouveller la même faveur, & ne perdant pas de vûë nos propres intérêts, il s'efforça de lui faire entendre, en lui montrant les petits lingots & les anneaux, que l'eau-de-vie & le bœuf salé ne seroient point épargnés à ceux de qui nous recevrions de l'or. La nature ne manque point d'éloquence dans ses signes lorsqu'il est question d'exprimer ce qu'elle désire avec beaucoup d'ardeur. Le Negre nous entendit, & nous faisant passer dans une autre Cabane qui touchoit à la sienne, il nous y fit voir un tas de ces petits lingots pour lesquels notre passion étoit si vive. Un mouvement d'avidité

B iij

naturelle porta d'abord le Capitaine à remplir ses poches de ce précieux métail ; mais la charge devenant bien-tôt trop pesante, je lui fis faire attention que si le Negre ne nous ôtoit pas la permission, qu'il paroissoit nous accorder, il étoit beaucoup plus simple de commencer par remplir le tonneau & le baril qui étoient demeurés vuides dans la Cabane voisine. Je les fis apporter par nos Gens, & tandis que notre Capitaine assûroit le Negre, par de nouveaux signes, que nous lui donnerions du Bœuf salé & de l'Eau-de-vie pour ses lingots, je remplis nos deux tonneaux de ce que je pûs démêler de plus précieux dans le tas. On n'y fit pas la moindre opposition. Les Mouchoirs, les Cizeaux, les Miroirs, une Epée & deux Haches, dont le Capitaine fit un autre tas qu'il offrit au Negre, parurent à ce Barbare un équivalent fort supérieur à des richesses dont il ne connoissoit pas le prix.

La difficulté étoit de transporter avant la nuit une proie si riche, mais si pesante, jusqu'à la Chaloupe. Cette entreprise nous couta beaucoup de peine & de tems. Il fallut rouler les tonneaux sur des troncs d'arbres que nos Haches rendirent propres à cet office. Enfin nous gagnâmes le rivage, & renouvellant nos caresses au Chef des Negres, qui n'avoit pas cessé de nous accompagner, nous retournâmes au Vaisseau avec celui qui nous avoit d'abord servi de Guide. Loin de manquer à nos promesses, nous étions résolus d'envoyer le même soir à de si honnêtes gens, deux tonneaux de Viande salée, & deux barils au lieu d'un; bien persuadés que le lendemain ils nous reviendroient pleins de lingots. Ce fut en effet notre premier soin en arrivant à bord. Nous prîmes aussi le parti de renvoyer les dix Negres que nous avions retenus pour otages. Le Capitaine joignit à son présent une piece de Drap, & quelques ustenciles plus commodes que précieux, dont il ne douta point que les Sauvages ne fissent autant de cas que des Miroirs.

Nous passâmes la nuit dans les plus agréables idées du monde, & l'impatience de voir augmenter le lendemain nos richesses, ne nous permit pas de fermer un moment les yeux.

A peine vîmes-nous les prémiers rayons du jour, que nous préparant à regagner la terre, nous faisions déja disposer la Chaloupe, lorsque nous découvrîmes entre la terre & nous, une prodigieuse quantité de Bateaux qui nous parurent chargés de Negres. Quoique la confiance fût établie sur de si bons fondémens entre ces Barbares & nous, la prudence demandoit quelques précautions. Le Capitaine ayant fait retirer la Chaloupe, donna ordre que toutes les armes fussent préparées. Nous n'avions que dix mauvaises pieces de Canon, quoique le Vaisseau fût percé pour trente. Mais nous ne manquions ni de Fusils, ni de Pistolets. Les Negres s'approchant à mesure que le jour s'éclaircissoit, nous remarquâmes qu'ils étoient tous armés d'Arcs & Fléches, & comptant plus de cent Bateaux, sur chacun desquels il n'y avoit pas moins de sept ou huit hommes, il nous parut trop certain qu'une troupe si nombreuse ne venoit point avec de favorables intentions. Notre conjecture fut qu'ayant été tentés par nos présens, ils avoient fait réflexion pendant la nuit qu'ils pouvoient se rendre maîtres de notre Vaisseau ; ou que la nouvelle de notre arrivée s'étant répanduë jusqu'à des Habitations plus éloignées, d'autres Negres, ou leur Roi même, s'étoient hâtés de descendre la Riviere pour avoir part au butin.

Ils n'étoient plus qu'à la portée du fusil. La Mer étoit tranquille, & tous nos signes d'amitié n'empêchant point qu'ils ne se serrassent fort adroitement pour avancer, il ne nous resta plus aucun doute que leur dessein ne fut d'en venir à l'attaque. Dans cet embarras, le Capitaine se fiant peu à la défense de trente deux hommes, qui composoient notre Equipage, contre une troupe de sept ou huit cens Barbares, espéra de les épouvanter par le bruit. Il fit faire une décharge générale de notre artillerie, & quoiqu'il nous crevât quatre pieces de Canon dès le premier coup, cet expédient fit un effet merveilleux. Les Barbares, qui vraisemblablement n'avoient jamais eu aucune connoissance des armes à feu, furent si consternés de ce bruit & du mêlange de la fumée & des flammes, que la précipitation de leur fuite rendit témoignage à leur crainte. Nous en vîmes tomber quelques-uns dans la Mer, & ne pouvant attribuer leur chûte à nos balles, puisque l'ordre étoit de ne pas tirer vers eux, nous n'en accusâmes que leur frayeur. Toutes nos allarmes se changérent en risée ; mais après cette avanture, nous conclûmes que soit par la défiance des Sauvages ou par la nôtre, nous devions renoncer à tout espoir de renouer avec eux, & nous éloigner d'une Côte où nous ne pouvions rien obtenir par la force. Ce ne fut pas néanmoins sans avoir pris toutes sortes de connoissances & de mesures maritimes pour nous assûrer quelque jour le pouvoir d'y revenir.

Un vent de terre fort impétueux aida bien-tôt notre résolution. Il devint si violent à neuf heures du matin, que nous fûmes obligés de caller toutes nos voiles, & de nous abandonner pendant tout le reste du jour à la fureur de l'orage. Notre grand mât fut brisé avec un fracas épouvantable. L'obscurité s'étant répanduë de bonne heure, nous tremblâmes à l'entrée de la nuit pour le sort de notre Vaisseau, dans une Mer sans bornes & sans fond. Si nous avions eu quelque reproche à nous faire dans notre commerce avec les Negres, nous aurions regardé une tempête si furieuse, comme un châtiment. Le vent changeoit à chaque instant, sans rien perdre de sa violence. Notre Vaisseau étant sans cesse couvert par les flots, & les secousses que nous éprouvions continuellement étoient si terribles, que la seule agitation de l'air ne nous permettoit pas de tenir une chandelle allumée. Nous passâmes près de dix heures dans cet affreux état, n'attendant qu'une mort inévitable. La lumiere du jour diminua un peu l'horreur de notre situation ; mais elle ne changea rien à l'impétuosité du vent, qui continua de faire son jouet de notre Vaisseau pendant cinquante-quatre heures. Tout l'art de nos Matelots s'étant épuisé dans leurs premiers efforts, rien n'étoit si triste que de voir, & le Capitaine & tout l'Equipage, couchés le visage contre le plancher du Vaisseau, roulant quelquefois les uns sur les autres, ou se chocquant à chaque secousse que le Vaisseau recevoit des flots, &

B vj

n'espérant plus que du Ciel l'assistance qui ne pouvoit nous venir d'aucun secours humain. Personne ne pensant à manger ni à boire dans une si terrible extrêmité, je fus peut-être le seul qui eut l'attention de prendre quelque liqueur forte & d'en faire avaller à ma femme & à mes enfans. J'avois été obligé de les lier aux piliers de ma Cabane, sans quoi ils auroient couru mille fois risque de se tuer contre les planches, ou l'un contre l'autre.

Enfin le Ciel, qui ne vouloit mettre que notre constance à l'épreuve, nous délivra de la plus horrible tempête dont on puisse prendre l'idée dans l'Histoire ou dans les récits des Matelots. Mais en revenant de cette espece de mort, nous nous trouvâmes aussi embarrassés que des gens qui ne feroient qu'arriver à la vie. La plûpart de nos instrumens de marine étoient brisés, jusqu'à notre Boussole qui ne se trouvoit plus en état de nous servir. Cependant l'état où nous étions passés nous paroissant délicieux après celui dont nous étions sortis, nous pensâmes moins à régler notre route qu'à prendre les alimens qui nous étoient devenus si nécessaires, & à réparer les dommages du Vaisseau. Pendant cinq jours & cinq nuits que dura, ou la tempête, ou cette espéce de délassement que nous prîmes après nos peines, en continuant de suivre, comme au hazard, la direction du vent; nous crûmes qu'une navigation si aveugle & si violente, n'avoit pû manquer de nous faire parcourir une bonne partie du Globe. Cependant vers le midi du sixiéme jour, un de nos Matelots ayant crié qu'il voyoit la terre, d'autres gens de l'Équipage qui avoient fait le Voyage d'Angleterre en Amérique, nous asùrérent que la terre qui se présentoit effectivement devant nous étoit une des Isles Canaries, nommée Ferro. Nous sondâmes aussitôt, & nous trouvâmes trente brasses. L'état de notre Vaisseau nous faisant juger tout lieu du monde propre à le rétablir & à nous reposer, nous ne balançâmes point à tourner nos voiles vers la terre. Un grand nombre d'oiseaux que nous commençâmes à voir autour de nous, acheva de nous rendre le courage. Nous n'étions plus qu'à deux lieuës de l'Isle, lorsque nous découvrîmes un Vaisseau, qui paroissoit en avoir fait le tour, pour gagner apparemment, comme nous, le Port que nous cherchions. Nous ayant découvert en même-tems, il arbora aussitôt le Pavillon Anglois ; & voyant le nôtre, que nous fîmes paroître au moment, il nous salua de deux coups de Canon, que nous ne pûmes lui rendre dans le désordre où étoit notre artillerie. Mais notre Capitaine, qui étoit bien aise de prendre langue avant que d'entrer dans l'Isle, me proposa de descendre dans la Chaloupe, & d'aller faire ses excuses à nos Compatriotes, que nous crûmes aussi maltraités que nous par la tempête. J'acceptai volontiers cette commission. Le Vaisseau qui venoit à nous étoit Marchand comme le nôtre. Il se nommoit la Trinité, & le Capitaine M. Flint. Sans avoir souffert autant que nous, il avoit besoin de quelques réparations, qui lui avoient fait choisir l'Isle de Ferro, plûtôt que celle de Canarie, dans l'espérance de s'y radouber à meilleur marché. Nous entrâmes ensemble dans la Rade, qui est naturellement sûre & commode, & qui pourroit le devenir encore plus avec quelque secours de l'art. La Bourgade qui en occupe les bords, n'est composée que d'Artisans, de Pêcheurs & de Vignerons ; l'Isle n'a guéres d'autres proprietés que de porter d'excellent raisin & d'autres fruits. Elle est sans Riviere, & même sans aucune source d'eau, du moins si ce n'en est pas une que l'Arbre qu'on nous fit voir, & d'où l'eau coule continuellement dans des réservoirs dont on ne nous permit point d'approcher. Les Habitans prétendent que cette eau descend d'une Nuée que nous vîmes effectivement au-dessus de l'arbre, & qui se résout continuellement sur les feuilles d'où elle coule dans les réservoirs. Ils donnent à cet arbre le nom de Saint. La grosseur du tronc paroît être d'environ dix pieds. Il est d'une hauteur médiocre ; mais la circonférence de ses branches est fort étenduë ; & son fruit, qui est une espece de gland, nous parut d'un excellent goût. Cependant le soin qu'on a d'en écarter les Etrangers, nous fit croire que cette eau merveilleuse qu'on fait descendre du Ciel, vient de quelque source dont on a déterminé le cours vers le pied de l'Arbre, ou qui en fort naturellement.

Pendant qu'on travailloit à réparer les deux Vaisseaux, M. Flint nous apprit les circonstances de son Voyage, & celles de la tempête qu'il avoit essuyée. Il venoit des parties méridionnales de l'Amérique, où il étoit allé de Carthagéne pour recueillir des sommes considérables qui lui étoient dûës dans divers Ports. Comme il avoit fait un long séjour à Carthagéne, il nous communiqua des Observations si curieuses sur la situation de cette fameuse Ville & sur l'état de son commerce, que l'intérêt commun à tous les Anglois de connoître un des principaux centres de leurs affaires, me fit souhaiter de prendre une copie de ses Mémoires. Je la placerai ici, telle qu'il eut la bonté de me l'accorder.

MEMOIRE

Sur la Situation & le Commerce de Carthagene.

Carthagene, que les Espagnols prononcent *Cartahena*, reçut ce nom en 1502 de Rodrigo de Bastides qui la découvrit, & qui trouva quelque ressemblance entre son Port, & celui de la Carthagene d'Espagne.

Ce Port est formé par une Isle, (appellée aujourd'hui *Varu*, dont le nom étoit autrefois *Carex* ou *Caresha*, & Cadego dans sa premiere origine,) & par une Péninsule qui se joint au Continent, par une Isthme ou une Langue de terre fort étroite, de la longueur d'environ cinq milles & demi. La Péninsule, qui s'appelle *Nave*, a près de quatre milles de long; leur Côte s'étend du Midi à l'Occident, & du Nord à l'Est. C'est au Midi de la Péninsule qu'est située l'Isle, elle est séparée de la terre au Nord-Est par un passage fort étroit, qui s'appelle *Passa a Cavallos*, ou Passage des Chevaux;

& d'un de ses coins au Nord-Ouest, sort une Langue de terre, qui s'avançant dans la Mer l'espace d'environ deux milles, s'étend jusqu'à la distance de deux cent pas de la Péninsule de Nave ; c'est l'intervalle de cette distance qui fait la bouche du Port, & que sa petitesse a fait nommer *Bocachica*, ou la petite bouche. Le Port a quatre lieuës de longueur, du Nord au Midi ; sa largeur est de cinq milles, du Couchant à l'Est : mais elle n'a pas toujours cette étenduë, elle est d'abord réduite à l'espace d'un mille, par la Péninsule qui vient à s'élargir ; ensuite elle redevient large de trois milles, dans un endroit où l'Isthme se rétrécit ; & deux milles plus loin, lorsque l'Isthme se change en une grande langue de terre, elle n'a pas plus de trois cent pas ; de-là, elle s'ouvre encore pendant un mille & demi ; après quoi quelques petites Isles rendent les passages fort étroits : elle diminue par degrés l'espace d'un autre mille, & se change ensuite en un boyau qui continue pendant deux milles entre des terres marécageuses, quoiqu'il recommence à s'ouvrir encore vers sa fin. Ce

Marais & ce boyau portent le nom de *Marais & de Lac de Canapoté.*

Le Port, qui s'appelle *Laguna*, ou Lac de Carthagene, est un des meilleurs Ports des Indes Occidentales, & même du Monde entier ; il est spacieux, & capable de contenir plusieurs Flottes considérables, qui peuvent s'y remuer librement, quoique les Vaisseaux dont la charge est pesante, soient obligés de jetter l'ancre à une grande distance de la Ville, qui a une fort bonne clé. Aussi est-ce dans ce Port que les Galions passent l'hyver, lorsqu'ils s'arrêtent à leur retour de Porto-Bello, & qu'ils prennent leur Cargaison pour retourner en Espagne ; c'est par cette raison qu'il est si bien fortifié. On y voit plusieurs petites Isles, surtout au long des Côtes.

Carthagene est divisée en haute & basse Ville. La Ville haute, qui est proprement la Cité, est bâtie dans l'Isthme ; elle s'y étend environ trois quarts de mille. Dans cet endroit il tend au Nord-Est & au Sud-Ouest, sur un mille de largeur ; après quoi faisant un coude d'un mille & demi au Sud-Ouest, il reprend ensuite au Sud-

Est, environ l'espace d'un demi mille ; mais immédiatement au-dessus & au-dessous de la Cité, il n'est étendu que de quelques pas plus qu'elle. En un mot la Cité couvre toute la largeur de l'Isthme, & commence à l'entrée du Canal ; de sorte qu'au Nord-Ouest elle est arrosée par la Mer, & à l'Est par le Canal, dans lequel la Mer entre aussi du Port.

De l'autre côté du Canal est la basse Ville, nommée *Xiximani*, ou suivant la prononciation Espagnole *Hibimani*. Par contraction on écrit & l'on prononce *Xemani*, mot Indien, qui signifie un Fauxbourg. Elle est ainsi au Sud-Est de la Ville haute, ou de la Cité, & elle n'a pas la moitié de sa grandeur.

Après la découverte de ce Port les Espagnols y abordèrent souvent, & firent la guerre aux Indiens, mais sans y former d'Etablissement, quoiqu'ils l'eussent entrepris plusieurs fois. Enfin l'année 1527 Dom Pedro de Eredia eut ordre d'y bâtir une Ville, & la commença ; elle fut achevée huit ans après par Georges Robledo.

Xemani est d'une fondation plus

récente, car le Colonel Beeston n'en parle point dans son Voyage de Carthagene en 1671, & ce silence s'accorde fort bien avec les plus anciens Mémoires qu'on a de cette Place ; où l'on observe que de la Cité l'on passoit aux Marais de Canapoté sur un Pont, ou sur une sorte de Chaussée longue de deux cent pas, où l'on avoit pratiqué deux arches, pour le passage du flux & du reflux.

Carthagene est une très-belle Ville, & la plus belle après Mexico, de toute la Partie Orientale de l'Amérique. Elle est composée de cinq grandes ruës, dont chacune a près d'un demi mille de longueur ; les maisons sont de pierre, & fort bien bâties. Une ruë plus longue & plus large que toutes les autres, traverse la Ville entiere, & forme une grande Place au centre. On y compte cinq Eglises, outre la Cathédrale qui s'éleve au-dessus de tous les autres Edifices, & qui ne renferme pas moins de richesses dans son sein, qu'elle étale de magnificence au dehors ; onze Maisons Religieuses de l'un & de l'autre sexe ; une magnifique Maison de Ville, & un Edifice qui ne l'est pas moins pour la Douane. En un mot les Bâtimens y sont généralement d'une beauté extraordinaire. Elle est fort peuplée, pour une Ville Espagnole d'Amérique; on fait monter le nombre des Habitans à plus de vingt-quatre mille, dont plus de quatre mille sont Espagnols, & le reste Négres & Mulâtres; tous si aisés, qu'ils passeroient pour riches dans tout autre lieu du monde.

Elle est aussi fortifiée par l'art que par la nature : le rivage sur lequel elle est située est défendu par sa disposition naturelle, & par quantité de Rocs, qui ne permettent point aux gros Vaisseaux d'en approcher. Le Port n'est pas moins sûr; l'entrée en est gardée par un Fort, qui porte comme elle le nom de *Bocachica*, & qui se nomme aussi le Fort de S. Louis. Il est à gauche, dans l'endroit où le Canal est le plus resserré; & vis-à-vis l'entrée, c'est-à-dire dans le Port même, à la sortie du Canal, est une Isle avec un autre Fort, nommé S. Joseph. Sur le rivage, environ trois quarts de mille au-dessus du Port, on trouve encore deux Forts, l'un nommé S. Philippe, & l'autre S.

Jacques ; & sur la Langue de terre, dont on a parlé, à trois milles de la Cité, est un autre Fort, beaucoup plus considérable & presque inaccessible, qu'on appelle *El fuerte de santa Cruz*, *& Castillo grande*. Il n'y peut aborder qu'un petit nombre de Bateaux, & l'accès en est impossible du côté de la terre parce qu'il est environné de Marais, & d'un large Fossé que l'eau de la Mer remplit. Vis-à-vis de ce Fort, sur une pointe de terre qui sort du Continent, on trouve encore un Fort nommé *Mançanillo*, ou *la petite Pomme*, par allusion à certaines pommes qui servent à cacher du poison. Enfin l'on compte un septiéme Fort, appellé *Pastillo*, qui défend du même côté l'étroit passage de Xemani.

Malgré tant de Fortifications, on a pris plus d'une fois Carthagene ; il est vrai que les Espagnols les ont encore augmentées depuis la derniere Paix, & qu'ils en ont grossi les Garnisons ; de sorte qu'on ne trouveroit pas aujourd'hui la même facilité à s'en rendre maîtres, que les François trouverent dans l'Expédition de M. de Pointis. Carthagene passe aujourd'hui pour la plus forte Place de l'Amérique, après celle de la Havana ; elle n'a jamais été foible, puisque c'est la premiere Ville que les Espagnols ayent fortifiée dans le Nouveau Monde. Elle étoit déja défenduë par des Redoutes lorsqu'elle fut prise par le Chevalier François Drake ; on y voyoit à peu de distance un Couvent de Francisquains, capable de résistance, & deux Forts bien entretenus. Cependant Gage observe que de son tems, elle étoit moins forte que Porto-Bello. La haute Ville & celle de Xemani sont aujourd'hui fortifiées régulierement ; celle-ci est environnée de sept Bastions, & le Canal qui la sépare de l'autre, avec laquelle elle n'a de communication que par un Pont mobile, lui sert d'un large Fossé. A la distance d'un quart de mille à l'Est Nord-Est, est le Fort Saint Lazare, ou, comme on l'appelle aujourd'hui, *San Felipé de Baraxas*, où l'on passe aussi par un Pont mobile. Ce Fort commande les deux Villes, & se trouve commandé lui-même par une montagne fort haute, & d'un très-difficile accès. Du côté du Sud-Est à un mille du Fort, on trouve sur une colline

Colline le Monastere de *la Madre de Popa*, qui tire ce nom de sa ressemblance avec la poupe d'un Vaisseau. On l'appelle aussi *Nuestra Sennora de la Candelaria*, & l'on n'a rien épargné pour le rendre capable de défense.

Carthagéne est la Capitale de la Province & du Gouvernement du même nom, sur la Côte de *Tierra Firma*, qui se nommoit autrefois *Castillo de l'Oro*. Cette Province s'étend l'espace de quatre-vingt lieuës depuis *Rio grande* ou *Madalena*, jusqu'au Golfe de Darien, & n'a pas moins d'étenduë depuis la Côte jusqu'à la Nouvelle Grenade. Elle n'est pas gouvernée, comme *Santa Fe*, par une Cour de Justice & une Chancellerie, mais par un seul Gouverneur, qui y fait sa résidence avec les Officiers du Roi. C'est à Carthagéne qu'on garde le Trésor royal. Son Evêque est dépendant de l'Archevêché de *Santa Fe de Bogota* dans la Nouvelle Grenade.

Les Gallions y venant prendre le revenu du Roi à leur retour de Portobello, ils y deviennent l'occasion d'un grand commerce, aussi-bien que les Vaisseaux marchands qui y arrivent

Tome I. C

sous leur escorte. Carthagéne est fort riche. Son principal négoce est en perles, en émeraudes, & en toutes sortes de pierres précieuses. La plus grande partie des perles y vient de *la Margarita*. On les rafine à Carthagéne ; & dans une de ses plus belles ruës, on ne trouve que des Ouvriers occupés de cet emploi. Au mois de Juillet, l'usage ordinaire est d'envoyer un Vaisseau ou deux à la Margarita, pour en apporter les revenus du Roi & les Marchands de perles. La crainte des Anglois & des Hollandois oblige les Espagnols de s'armer soigneusement pour ce Voyage. On envoye aussi chaque année douze petits Vaisseaux, qu'on nomme la Flotte de la Perle, avec un Vaisseau de guerre pour les escorter de Carthagéne à *Rancherias*, quelques lieuës au Nord-Est de *Rio de la Hacha*, où la pêche des perles est fort riche.

Les émeraudes viennent de la Province de Santa Marta & du *Nuevo Regno*. Cette sorte de pierreries étoit fort estimée avant que l'Amérique en eût produit un si grand nombre. Un Espagnol curieux de savoir le prix de deux émeraudes les fit voir à un Jouaillier Italien, qui estima l'une cent ducats, & l'autre trois cens; mais qui voyant, bien-tôt après, une caisse remplie des mêmes pierres n'en offrit plus qu'un ducat piece. Les Indiens les portent au nez, & les croyent bonnes contre l'épilepsie. On les trouve au long des rochers, où elles croissent en veines, à peu près comme le cristal; & le tems leur fait acquerir leur éclat.

On apporte tous les ans à Carthagéne, sur de petites Frégates, la plus grande partie de l'Indigo, de la Cochenille, & du Sucre, qui se tire de la Province de Guatimala. Les Espagnols trouvent plus de sûreté à faire passer toutes ces richesses au travers du Lac de Grenade jusqu'à Nicaragua, & par cette voie jusqu'à Carthagéne, où les Gallions s'en chargent pour l'Espagne, qu'à les envoyer par les Vaisseaux de Honduras, qui ont été fort souvent enlevés par les Hollandois, comme ces Frégates pourroient l'être par les Anglois, si les Espagnols n'avoient chassé ceux-ci de l'Isle de la Providence dont ils étoient obligés de s'approcher trop dans leur course.

Pendant plusieurs années le commerce de Carthagéne a beaucoup souffert, non-seulement des Boucaniers, qui étoient un mêlange d'Avanturiers de différentes Nations, accoutumés à insulter les Ports de la Mer du Nord, & à s'emparer des Vaisseaux Marchands ; mais encore de la part des Anglois de la Jamaïque, & des Hollandois de Curaſao & de Surinam, qui entretenoient sur cette Côte un commerce clandestin avec les Habitans. Ce commerce portoit le nom de *commerce des Chaloupes*, parce que c'étoit sur des Chaloupes que les Marchands de ces deux Nations venoient prendre les marchandises que les Habitans du Païs leur apportoient pendant la nuit dans leurs Canots. Mais si les Anglois & les Hollandois tiroient un avantage considérable de ce commerce illicite, les Contrebandiers Espagnols y trouvoient encore plus de profit. Non-seulement ils évitoient par-là de payer les droits, qui sont excessifs dans leur Païs, mais ils achetoient les marchandises des Chaloupes beaucoup moins cher qu'ils ne les auroient achetées des Gallions à Porto-bello, ou des Marchands à Carthagéne, ce qui n'empêchoit pas que celles des Chaloupes ne se vendissent à fort bon prix.

Cette sorte de commerce devint également pernicieuse au revenu du Roi d'Espagne, & aux intérêts des Marchands de bonne foi. La Cour d'Espagne n'y apportant aucun remède, quoiqu'elle n'ignorât point la grandeur du mal, il fut bien-tôt impossible au Gouverneur de Carthagéne de soutenir l'intérêt de sa Nation. On vit paroître les Hollandois avec des Vaisseaux de vingt, de trente & de trente-six Canons. Les Anglois se présentoient de leur côté avec de grandes Chaloupes, & des Brigantins de huit, de dix, de seize Canons, & quelquefois même avec des Vaisseaux de la premiere force ; de sorte qu'ils se trouverent en état de protéger les Canots contre les Chaloupes Espagnoles lorsqu'elles entreprirent de les surprendre. A la fin même il auroit été difficile aux Espagnols de se saisir des Canots quand ils n'auroient trouvé personne pour les défendre ; car les Contrebandiers, informés par les espions qu'ils avoient sur le rivage, ne faisoient pas difficulté de résister aux

Officiers du Roi, & les maltraitérent dans plusieurs occasions. Ainsi la contrebande s'exerçoit ouvertement à la vûë de la Ville, & fut portée si loin, qu'elle diminua beaucoup le commerce des Gallions, sur-tout pour les Provinces de Carthagéne, de Santa Marta, Papagan, Grenade & Venezuela, qui se trouverent fournies par ces voies indirectes de toutes les marchandises d'Europe dont elles avoient besoin.

Enfin le Gouvernement d'Espagne se déterminant à réprimer tant d'abus, fit partir trois bons Vaisseaux de guerre, avec ordre de passer l'Hyver à Carthagéne. Ils s'y joignirent à quelques autres Vaisseaux venus de la Havana; & c'est à cette petite Flotte qu'on a donné le nom de *Guarda de las Costas*. Ayant bien-tôt rencontré cinq Bâtimens Hollandois qu'elle attaqua vigoureusement, les Hollandois firent une défense si desesperée, qu'un de leurs Vaisseaux n'étant plus en état de résister, ils prirent le parti de le couler eux-mêmes à fond. Cependant les autres ne pûrent éviter d'être pris, & leur cargaison fut estimée à 100000 pistoles. Pour achever cette tragédie, seize Marchands Espagnols qui se trouverent parmi eux, furent conduits à Carthagéne, & pendus avec la derniere rigueur.

Les environs de Carthagéne, & l'Isthme même, à la réserve du seul endroit où la Ville est située, sont marécageux ; ce qui rend l'air fort mal sain dans quelques saisons, & produit quantité de maladies. Le climat est humide & pluvieux. Cependant il est encore moins pernicieux pour la santé, que celui de Porto-bello, parce qu'il n'est pas si chaud, ni si humide ; & dans d'autres tems de l'année, le séjour de la Ville est fort agréable. On y est exposé seulement à la *calenture*, dont il n'y a que les Indiens qui se garantissent, entre ceux qui se montrent à l'air du soir, qu'on nomme le Serein. Ainsi les Gardes qui veillent la nuit ne peuvent guéres l'éviter.

Tout le Païs d'ailleurs est pauvre, stérile, montagneux, & ne produit guéres que des arbres fort élevés. Rien n'est si sec que le terroir. Il demeure sans culture, parce qu'il seroit trop difficile d'en tirer parti. On y trouve aussi peu d'or que de bled : mais les Espagnols s'y procurent de l'or par leur commerce avec quelques Nations paisibles, que leur éloignement n'empêche point de venir trafiquer dans les Villes frontieres de la domination d'Espagne. Quelques Montagnes fournissent de la raisine & des gommes aromatiques, du *sang de dragon*, qui est un baume odoriferant d'un grande vertu, & d'autres liqueurs qui distillent du tronc des arbres.

Les Habitans des cantons voisins de Carthagéne sont les plus fiers & les plus intraitables de tout le Païs. Jamais les Espagnols n'ont pû les faire entrer dans aucun traité, ni dans aucune association de commerce. Ils n'y ont trouvé que des ennemis cruels, toujours disposés à les attaquer, & qui ne font pas difficulté d'empoisonner leurs fléches pour en rendre les blessures incurables; si adroits d'ailleurs à se servir de leur arc, qu'ils tuent d'un coup de fléche aussi sûrement que les Espagnols d'un coup de mousquet. La plûpart ont été détruits dans divers combats, ou se sont retirés plus loin dans les terres ; mais les Espagnols ont tiré peu d'avantage de leur victoire, parce que le Païs demande un grand nombre d'Habitans pour le cultiver, & plus encore pour le défendre. Aussi seroit-il peu capable de défense s'il étoit attaqué avec vigueur, & surtout si l'on se ménageoit l'assistance des anciens Habitans, qui seroient charmés d'en chasser les Espagnols à toute sorte de prix.

Suivant les Observations du Pere Feuillée de l'année 1705, qui ont été vérifiées par celles de Dom Juan de Herrera en 1722, 1723 & 1724, la longitude de Carthagéne à l'Occident de Paris est de 77. degrés 46. minutes 15. secondes, & par conséquent de Londres 75 d. 21. m. 15. s. La latitude observée la même année par Feuillée, étoit de 10. degrés 30. m. 35. s. Mais Herrera dans ses calculs des années 1709 & 1719, n'a trouvé que 10. degrés 26. m. 35. s. Cette Observation paroît la plus exacte, parce que suivant celle de Feuillée à Bocachica, dont il trouva que la latitude étoit de 10. degrés, 20. m. 24. s. il se trouveroit dix minutes de différence entre la Ville & Bocachica, ce qui feroit dix milles géographiques; tandis qu'il est certain que Bocachica & la Ville ne sont éloignées que de sept milles & demi. Suivant les Cartes de Pople & de Moll, la latitude de Carthagéne est de 10. degrés 34. m. & la longitude de 76. degrés 35. m. C'est une erreur d'un degré 14. m. dans laquelle ces deux Auteurs sont tombés par précipitation, ou par ignorance.

A ce Mémoire, le Capitaine ajoûta une Relation fort curieuse de la prise de Carthagéne en 1585. par le Chevalier Drake. Il la tenoit de son pere, qui servoit alors dans la Flotte Angloise, & qui avoit écrit les évenemens dont il avoit été témoin.

Les Hollandois ayant offert à la Reine Elisabeth de la reconnoître pour leur Souveraine, cette grande Princesse fit de sérieuses réflexions sur leurs offres, & considérant les troubles que l'Espagne avoit suscités dans ses Etats depuis le commencement de son régne, la haine mortelle des Espagnols pour ses Sujets & pour sa Religion, les ressentimens particuliers dont leur Roi étoit animé contr'elle, & les violences qu'il avoit exercées nouvellement en faisant saisir dans ses Ports les Vaisseaux & les marchandises des Anglois ; enfin plus excitée encore par les ambitieux desseins de Philippe II, elle résolut, de l'avis de son Conseil, de recevoir les Hollandois sous sa protection, & de les assister de toutes ses forces suivant l'engagement des anciens Traités. Mais elle refusa la Souveraineté de leur Païs, & formant au contraire des vûës beaucoup plus nobles, elle entreprit de les rétablir dans leur ancienne liberté. Comme il s'agissoit d'abord de les délivrer de l'oppression des Espagnols, elle leur envoya un secours de six mille hommes, & ne doutant point que cette démarche ne fut regardée en Espagne comme une déclaration de guerre, elle se crut obligée pour garantir ses propres Etats, de mettre une Flotte en Mer, qui attirât d'un autre côté l'attention des Espagnols.

Cette Flotte étoit composée de vingt Voiles, tant Vaisseaux que Piraces, & portoit à bord 2300. hommes, sous le commandement du Chevalier Drake, qui fut honoré tout à la fois du titre de Général & d'Amiral. Ses Officiers de terre étoient Chriſtophe Carliſle, Lieutenant Général ; Antoine Powell, Sergent Major ; Mathieu Morgan & Jean Samſon, Marechaux de Champ. Les Capitaines ſe nommoient Antoine Plat, Edouard Winter, Jean Goring, Robert Pen, Georges Barton, Jean Marchant, Guillaume Ceril, Walter Biggs, Jean Haman, & Richard Slanton. Les noms des Vaiſſeaux & de leurs Capitaines étoient, Martin Frobisher, Vice-Amiral, commandant le Primroſe ; François Knolles, Contre-Amiral, commandant le Gallion Leiceſter ; Thomas Venner, l'Eliſabeth Bonaventure ; Edouard Winter, l'Aid ; Chriſtophe Carliſle, le Tygre ; Henry White, le Seadragon ; Thomas Drake, le Thomas ; Thomas Scely, le Minion ; Samuel Cagley, le Talbot ; Robert Croſſe, le Bond ; Georges Forteſcue, le Bonner ; Edouard Careleſſe, le Hope ; James Erizo, le White Lyon ; Thomas Maon, le Francis ; Jean Rivers, le Vantage ; Jean Vaughan, le Drake ; Jean Varneg, le George ; Jean Martin, le Benjamin ; Richard Gilman, le Stout ; Richard Hawkins, le Duk ; James Bitfield, le Swallow.

Le 12. de Septembre toute la Flotte mit à la voile du Port de Plimouth, pour gagner la Côte d'Espagne. Elle y fit quelque butin aux environs de Vigo, d'où elle passa au Cap Verd. Elle y brûla San-Jago ou Plaga, Capitale d'une Isle du même nom. Ni le Gouverneur, ni l'Evêque, ni personne de la Ville, ne parut pour demander grace; ce que les Anglois attribuerent au remord que les Espagnols conservoient d'avoir massacré cinq ans auparavant avec autant de lâcheté que de perfidie, le Capitaine Guillaume Hawkins de Plymouth, & tous ses gens. Ces barbares avoient raison de craindre encore notre ressentiment pour la cruauté qu'ils avoient exercée à l'égard d'un petit garçon de la Flotte, dont ils s'étoient saisis. Après lui avoir coupé la tête, ils lui avoient arraché le cœur, & mis en pieces tous ses membres : ce fut pour tirer vangeance d'une action si cruelle, que les Anglois brûlerent non-seulement la Ville, mais toutes les maisons du Païs, & qu'ils mirent en plusieurs endroits, sur-tout à l'Hôpital, que le feu avoit épargné, des Affiches qui rendoient témoignage du crime & du châtiment.

Delà, ils prirent directement la route des Indes Occidentales; mais la maladie se mit quelques jours après dans leurs troupes, & leur fit perdre un grand nombre de Soldats. C'étoit une fiévre ardente, qui les emportoit en peu de jours, & qui leur laissoit après leur mort des taches dans toutes les parties du corps, comme celles de la peste. Ils l'attribuerent au mauvais air, & ceux qui eurent le bonheur d'en revenir, sentirent long-tems après un affoiblissement considérable dans leurs forces, & particulierement dans leur mémoire. N'ayant pas laissé de continuer leur course, ils passerent par l'Isle de la Dominique & par celle de Saint Christophe, d'où ils se rendirent à Hispaniola. C'étoit le premier jour de l'an: ils le célébrerent par l'incendie d'une partie de la Capitale, après avoir inutilement proposé aux Espagnols de payer une rançon pour s'exempter de cette perte; & les vingt-cinq mille ducats qu'ils donnerent ensuite pour sauver le reste de la Ville, n'empêcherent point les Anglois d'emporter tout le butin qu'ils y avoient déja fait.

Ils passerent ensuite au continent de l'Amérique méridionale, & s'approcherent de la Côte de Carthagéne à la portée du mousquet. N'ayant point trouvé de résistance à l'entrée du Port, le Vice-Amiral & les Capitaines des Barques & des Pinaces reçurent l'ordre d'attaquer le premier Fort qui la défend, & le Général débarqua ses troupes vers le soir à quelque distance. Il marcha le long du rivage avec beaucoup de silence, & s'étoit déja avancé fort heureusement à deux milles de la Ville, lorsqu'il rencontra un corps de cent Cavaliers qu'il attaqua brusquement, & qui tournerent le dos à la prémiere décharge de la mousqueterie Angloise. Dans le même instant il entendit quelques volées de canon. C'étoit le signal dont le Vice-Amiral étoit convenu avec lui, pour l'avertir qu'il avoit commencé l'attaque du Fort; mais cette entreprise étoit plus difficile qu'on ne s'y étoit attendu. Le Fort, quoique petit, étoit en état de faire une vigoureuse défense; & l'endroit le plus étroit du Canal, qui fait l'entrée du Port, étoit traversé par une chaîne qui en bouchoit le passage. Ainsi le bruit du canon ne servit qu'à donner l'allarme aux autres parties de la Côte.

Cependant le Général avoit continué d'avancer, & n'étoit plus qu'à un demi mille des murs de Carthagéne. Il trouva que le passage se rétrecissoit tout d'un coup, & n'avoit plus cinquante pas de largeur. D'un côté c'étoit la Mer, & de l'autre le grand Bassin qui forme le Port. Il observa la Place, qui étoit environnée d'un mur de pierres & d'un fossé, flanqué de différens ouvrages. Il n'y avoit qu'un seul chemin pour les chevaux & les voitures, & les Habitans l'avoient déja bouché avec quantité de tonneaux remplis de terre. Il étoit défendu d'ailleurs par six grosses pieces de canon. Les Habitans en firent une décharge à l'approche des Anglois. Ils firent avancer en même-tems deux grandes Galeres, montées chacune d'onze pieces de canon, qui jouoient sur l'Isthme en travers ; outre trois ou quatre cens Mousquétaires qu'elles avoient à bord. Ils en avoient posté aussi trois cens sur terre pour garder ce passage.

Toute cette artillerie fit un feu terrible sur les Anglois ; mais le Lieutenant Général Carlisle prenant avantage de l'obscurité, marcha le long de la Côte, & trouvant l'eau qui commençoit à baisser, il se mit facilement à couvert des coups de feu. Tous les Anglois ayant ordre de ne pas tirer avant que d'être arrivés aux murs de la Ville, ils s'avancerent jusqu'à la barricade des tonneaux sans s'être servis de leurs mousquets. Mais aussi-tôt qu'ils y furent arrivés, ils renverférent impétueusement la barricade, & faisant leur décharge sur l'ennemi, ils en vinrent tout d'un coup aux picques & aux épées. Les Espagnols se virent forcés de tourner le dos & d'abandonner le passage. On les poursuivit si furieusement, qu'ayant recommencé deux fois à faire face, ils furent poussés, sans avoir le tems de respirer, jusqu'à la grande Place de la Ville ; & desespérant enfin de pouvoir résister plus long-tems, ils sortirent de la Place pour rejoindre leurs femmes & leurs enfans, qu'ils avoient eu la précaution d'envoyer à la campagne.

Ils avoient élevé à l'entrée de chaque ruë d'autres barricades de terre, avec une espece de retranchement qui couta quelque chose à forcer. Mais ceux qui les défendoient s'étant bientôt dispersés, les Anglois y perdirent peu de monde. Ils avoient posté aussi dans des lieux avantageux un grand nombre d'Indiens, avec leurs arcs, & ces fléches empoisonnées, dont la moindre blessure étoit mortelle. Ces Barbares nous tuerent quelques Soldats. Au long des ruës, les Espagnols avoient planté dans la terre une infinité de pointes de fer, qui étoient empoisonnées comme les fléches des Indiens; mais nos Officiers s'en étant apperçus firent marcher leurs gens sur le bord de la Mer, qui baigne la Place jusqu'au pied des maisons; desorte que ces odieuses inventions, si contraires aux loix de la guerre, ne furent pernicieuses qu'à un petit nombre d'Anglois. Ce soin qu'ils avoient eu de se préparer avec tant de précautions, venoit d'un avis qu'ils avoient reçu de l'approche de notre Flotte vingt jours avant notre arrivée; ce qui avoit même donné assez de loisir aux Habitans pour mettre tous leurs effets à couvert.

Dans cette action les Anglois firent prisonnier Dom Alonzo Bravo, qui commandoit à la premiere barricade. Ne trouvant plus d'ennemis à combattre, ils passérent six semaines dans la Place. Mais dans cet intervalle, ils furent repris de la calenture, mal dangereux que les Espagnols même attribuent à l'air, & qui se gagne le soir au serein. Les tristes effets de cette maladie empêcherent le Chevalier Drake de suivre le dessein qu'il avoit d'aller à Nombre de Dios, & de gagner ainsi par terre la fameuse ville de Panama, où il espéroit de trouver assez de richesses pour se dédommager des fatigues du Voyage. Pendant le séjour qu'il fit à Carthagéne, il traita les Habitans avec beaucoup de civilité ; & le Gouverneur, l'Evêque, avec quantité d'autres personnes de distinction, ne firent pas difficulté de lui rendre les mêmes politesses.

Cependant il arriva aux Anglois un accident qui leur apprit à ne jamais faire trop de fond sur les apparences de l'amitié, dans un Païs subjugué par la force. Une de nos sentinelles, qui avoit son poste sur le plus haut clocher de la Ville, ayant un jour découvert deux petites Barques qui s'avançoient sur la Mer, quantité d'Officiers & de Matelots entrerent aussi-tôt dans deux Pinaces, pour aller au-devant d'elles & s'en saisir, avant qu'elles pussent être informées que nous nous étions rendus maîtres de la Ville. Malgré toute la diligence des Anglois, les deux Barques avoient déja reçû quelque signal qui les avoit averties du dange. Elles gagnerent le rivage en voyant approcher nos Pinaces, & leur Equipage se cacha aussi-tôt dans les bruyeres, avec quelques Espagnols de qui elles avoient reçû le signal. Nos Anglois voyant les Barques vuides, y entrerent témérairement, & se tinrent à découvert sur le pont, où ils furent salués d'une décharge de mousqueterie, qui leur tua deux Capitaines, Wancy & Moon, avec cinq ou six de leurs gens. Les autres ne se trouvant point assez forts pour se vanger sur le champ de cette perfidie, & la plûpart étant des Matelots qui n'avoient pas même apporté leurs armes, parce qu'ils avoient crû que leur canon suffisoit pour forcer les deux Barques, retournerent à la Ville, & n'y remporterent que le chagrin de leur perte.

Les Espagnols, suivant l'usage auquel ils ne manquent jamais, de s'obstiner trop long-tems contre toutes sortes de propositions, & d'accepter ensuite servilement toutes les conditions qu'on veut leur imposer, refusérent d'abord de convenir d'une somme pour racheter la Ville. Mais lorsqu'ils nous virent résolus de la brûler, & que cette ménace fut même exécutée dans quelque partie, ils consentirent à payer cent dix mille ducats pour sauver le reste. Ainsi quoique Carthagéne ne fût pas la moitié aussi considérable que Saint Domingue, nous en exigeâmes une rançon beaucoup plus grosse, parce que l'excellence de son Port, la nature de son commerce & les richesses de ses Habitans, en font une Place beaucoup plus importante ; l'autre n'étant guéres habitée que par des gens de Robbe ou des personnes sans emploi, comme la résidence du Conseil suprême, où ressortissent toutes les Provinces du Continent, & toutes les Isles.

La somme ayant été payée suivant

les conventions, nous quittâmes la Ville ; mais ce fut pour nous rendre à l'Abbaye voisine, qui est située proche du Port, & défendüe par un bon mur de pierres. Nous y mîmes une garnison, en représentant aux Espagnols que ce lieu n'avoit point été compris dans la capitulation. Ils sentirent que nous les surpassions en adresse, & ne s'éloignerent point de payer une nouvelle rançon ; mais ils y vouloient comprendre un Fort voisin, quoique nous demandassions séparément mille livres sterlings pour chacune de ces deux Places. Leur dessein sans doute étoit de nous éprouver ; cette difficulté leur couta cher, car le Chevalier Drake ennuyé de leur lenteur, fit sauter le fort par le moyen d'une mine. Les Espagnols publiérent dans ce tems-là, qu'outre des sommes inestimables en or & en argent, nous leur avions enlevé 230. pieces d'Ordonnance ; mais il n'y en avoit point alors un si grand nombre dans la Ville. Il est certain, par nos propres calculs, que dans toute cette expédition, nous n'en tirâmes que 240. de toutes les Villes dont nous nous permîmes le pillage.

Notre Flotte étant remontée ensuite à l'embouchure du Port, s'arrêta près d'une Isle extrêmement agréable, remplie d'Orangers & d'autres arbres, qui étoient couverts des fruits les plus délicieux. Ils étoient plantés si régulierement, que l'Isle entiere, dont le circuit est d'environ trois milles, ne paroissoit composée que de Vergers & de Jardins. Ce ne peut être la même Isle dont on a parlé dans la description, où est à présent le Fort de San-Josepho.

Le Chevalier Drake ayant fait renouveller les provisions d'eau à toute sa Flotte, d'un excellent puits qui se trouvoit dans la même Isle, se remit en Mer le 31 de Mars. Deux jours après, on s'apperçut qu'un grand Vaisseau que nous avions pris à S. Domingue, chargé de marchandises & bien monté d'Artillerie, commençoit à faire eau de toutes parts, ce qui nous obligea de retourner à Carthagene, où nous employâmes dix jours à transporter sur un autre Vaisseau cette riche Cargaison. Ensuite remettant à la voile, nous prîmes notre route vers le Cap de S. Antoine, qui fait la pointe la plus occidentale de l'Isle de Cuba, où nous arrivâmes le 27 d'Avril.

Carthagene s'est vengée depuis ce tems-là des Anglois, non-seulement par la ruine du Commerce des Chaloupes, mais en prenant sur eux l'Isle de la Providence, que les Espagnols ont nommée *Santa Catalina*. Cette Isle est à 36 lieuës vers l'Est de la Côte de Honduras; à 70 Nord-Nord Ouest de Porto-Bello; & sa latitude est 13 deg. 15 min. de sorte qu'elle est située merveilleusement pour causer beaucoup d'incommodité aux Espagnols. Quoiqu'elle ait peu d'étenduë, nous n'avons point de Plantations en Amérique dont nous puissions tirer plus d'avantages, & notre intérêt doit nous faire conserver le désir de nous en remettre en possession. Les Boucaniers s'en sont saisis deux fois depuis que nous l'avons perduë, & la trouvoient aussi très-favorable à toutes leurs entreprises; mais les Espagnols ne les ont pas laissés long-tems maîtres d'un lieu, d'où ils pouvoient faire à tous momens des invasions sur leurs Côtes, & causer de l'embarras aux Galions dans leur route de Porto-Bello à Carthagene.

Je ne prévoyois point en tirant la copie de ce Mémoire, qu'il dût jamais contribuer ou nuire à ma sûreté. L'envie de m'inſtruire étoit mon unique motif, & ce fut elle encore qui me fit commencer dès le même jour à faire exactement le Journal de mon Voyage. Je commis ſeulement une imprudence en gardant à part le Mémoire de Carthagene, & l'on me fit connoître dans la ſuite qu'il m'auroit été moins dangereux, ſi j'euſſe pris ſoin de le mêler comme indifféremment dans mon Journal.

Après avoir pris huit jours de repos aux Canaries, nous retournâmes vers l'Afrique avec le premier vent favorable. Sans nous être ouverts particulierement aux Anglois que nous quittions, nous les avions trouvés mieux inſtruits que nous, ſur la partie de l'Afrique dont nous avions déja parcouru les Côtes. Leur Pilote, qui avoit fait plus d'une fois la même route, nous donna des lumieres que nous regretâmes de n'avoir pas eûës plutôt, & qui nous ſervirent encore dans la ſuite de notre Navigation. Mais nous leur cachâmes ſoigneuſement le butin que nous avions fait parmi les Négres, & les espérances que nous emportions pour l'avenir. Quoique nous n'eussions trouvé personne à Fetro qui sçût distinguer mieux que nous la qualité des Métaux, quelques essais que nous avions faits secretement ne nous laissoient aucun doute de la réalité de notre or, & notre Capitaine méditoit déja divers moyens de retourner plus heureusement à la source.

Nous eumes dès le lendemain la vûe du Cap de Boyador, & continuant notre route sans avancer plus près du Continent, nous prîmes seulement la résolution, en passant pour la seconde fois au long de la même Côte, d'observer plus exactement que jamais les lieux où nous avions abordé. Il ne nous fut pas difficile de les reconnoître, & celui qui attiroit encore tous nos désirs nous parut tel que nous l'avions gravé dans notre mémoire. Nous ne doublâmes point cette heureuse pointe, sans être vivement tentés de nous exposer aux hazards d'une nouvelle descente; & pendant quelques momens que nous conservâmes cette pensée, nous prîmes plaisir à nous flatter, qu'il ne nous seroit pas impossible d'enlever le reste des Lingots, avant que les Négres eussent le tems de se reconnoître. Mais notre petit nombre, & la nécessité de laisser du moins la moitié de nos gens à la garde du Vaisseau, réfroidirent cette chaleur. D'ailleurs, comme si le Ciel eût voulu nous fortifier contre une tentation si dangereuse, le vent nous servit si favorablement à ce passage, qu'ayant duré quatre jours avec la même force, nous fîmes malgré nous plus de 300 lieuës dans un espace si court. Nous fûmes ensuite arrêtés pendant neuf jours par un calme si profond, que la Mer paroissoit immobile. Quoique nous nous crussions fort éloignés de la terre, il ne se passoit pas de jour où nous ne vissions quelques oiseaux qui s'approchoient de nous à la portée du fusil; nous en tuâmes quelques-uns, que les Matelots allerent prendre dans la Chaloupe, avec le secours des Rames. Nous dissipâmes encore l'ennui d'un si long retardement par l'amusement de la Pêche. Enfin le dixiéme jour, il s'éleva au Nord un orage violent qui nous fit craindre une nouvelle tempête ; mais qui se termina bientôt par une affreuse pluye.

Nous fûmes surpris sous la Ligne d'un autre calme, qui auroit coûté la vie à ma femme, s'il eut duré plus long tems. Elle se trouva si affoiblie, qu'ayant perdu la connoissance pendant plus de quatre heures, elle ne revint à elle-même qu'à l'aide de plusieurs soufflets, avec lesquels je fis agiter l'air dans ma Cabanne. Cette langueur la reprenant aussitôt que le mouvement de l'air cessoit, je fus obligé pendant trois jours d'acheter par des sommes immenses les services de quelques Matelots, qui se trouvant eux-mêmes fort incommodés de leur situation, se crurent en droit de me faire payer leur secours. Nous sortîmes de cet embarras pour retomber dans un nouveau danger ; le vent, dont la joye de le sentir renaître nous fit user d'abord avec peu de précaution, poussa notre Vaisseau avec tant de violence sur un Banc de sable, qui n'étoit pas marqué sur nos Cartes, que nous demeurâmes beaucoup plus immobiles que nous ne l'avions été pendant les deux calmes. Notre Capitaine mortellement allarmé, fit d'abord visiter toutes les parties du Vaisseau, elles se trouverent saines; mais il n'en fut pas plus rassuré contre un accident qui paroissoit sans remede. Cependant deux heures après, nous crûmes sentir que le Vaisseau recommençoit à flotter. Il reprit en effet le cours du vent, & nous rendîmes graces au Ciel de nous avoir sauvé d'un péril, que nous ne connoissions pas mieux en le voyant finir, que lorsqu'il avoit commencé. Quelques-uns de nos Matelots nous assurerent néanmoins qu'ils en avoient vû des exemples, & donnerent à la cause de nos frayeurs le nom de Sable mouvant, qui se forme quelquefois par le seul choc des flots, sur-tout dans les momens qui précedent un grand calme, & qui se résout ensuite lorsque l'agitation recommence. Depuis notre départ de Londres, j'avois cru reconnoître dans la conduite du Capitaine, & dans toute la manœuvre du Vaisseau, que je n'étois pas avec les plus habiles gens du monde; & je ne pûs m'empêcher, en sortant de ce dernier danger, de lui faire entrevoir l'opinion que j'en avois. Loin d'en paroître offensé, il me confessa que dans la nécessité de réparer sa fortune, il avoit donné beaucoup au hazard, & qu'il apportoit à son métier moins de lumieres que de résolution. Nous gagnâmes enfin le Cap de Bonne-Espérance, où la crainte qu'il ne fût arrivé quelque dommage au Vaisseau en donnant sur le Banc de sable, lui servit de prétexte pour entrer dans la Rade.

Nous étions si bien avec les Hollandois, que n'ayant que de l'assistance à nous en promettre, nous abordâmes à pleines voiles au rivage. On nous y fit l'accueil que nous avions esperé. Je conçus par les discours du Capitaine qu'il avoit d'autres vûës, que celles dont il s'étoit fait un prétexte. Il ne me les dissimula point lorsque nous fûmes à terre. La Compagnie Hollandoise des Indes Orientales ayant formé un très-bel Etablissement à cette extrémité de l'Afrique, il se proposoit non-seulement de vérifier la réalité de notre trésor, mais de prendre adroitement les connoissances qui nous manquoient pour le succès de nos espérances, & de jetter les fondemens de l'entreprise qu'il méditoit à son retour.

Nous trouvâmes dans la grande Habitation des Hollandois, qui est près du Fort, des gens d'autant plus entendus sur la matiere des Métaux, que cette partie de l'Afrique n'étant point sans Mines d'or & d'argent, ils s'exerçoient continuellement à cette recherche. Mais la crainte de nous trahir nous empêcha d'abord de nous ouvrir avec trop de confiance, sur-tout lorsque nous eûmes remarqué que les Hollandois faisoient eux-mêmes un profond mystere de leurs Mines.

Ils nous permirent néanmoins de visiter pour notre amusement tous les endroits qu'ils ont cultivés, & la seule précaution qu'ils prirent avec nous, fut de nous faire accompagner d'un Interprete, qui étoit sans doute en même tems notre Espion. Peut-être que sous ombre de satisfaire notre curiosité, ils étoient ravis d'avoir l'occasion de faire connoître aux Anglois la force & la beauté de cette Colonie. Après nous avoir fait voir le Jardin de la Compagnie, qui est d'une beauté rare, & où l'on trouve avec toutes sortes de fruits délicieux, les arbres & les Plantes les plus rares de l'Europe;

on nous fit traverser une grande montagne, sur laquelle nous prîmes plaisir à chasser de gros Singes qui y sont en abondance. Comme nous n'étions munis de rien pour nous faciliter cette chasse, & que l'occasion seule nous en avoit fait naître l'envie, tous nos efforts ne purent nous en faire prendre que deux dans le cours d'un après-midi. Nous étions quatre; le Capitaine & moi, avec notre Guide & l'Ecrivain du Vaisseau. Je ne puis représenter toutes les souplesses des animaux que nous poursuivions, ni avec combien de légereté & d'impudence ils revenoient sur leurs pas, après avoir pris la fuite devant nous. Quelquefois ils se laissoient approcher à si peu de distance, que m'arrêtant vis-à-vis d'eux pour prendre mes mesures, je me croyois presque certain de les saisir; mais d'un seul saut ils s'élançoient à dix pas de moi, ou montant avec la même agilité sur un arbre, ils demeuroient ensuite tranquilles à nous regarder, comme s'ils eussent pris plaisir à se faire un spectacle de notre étonnement. Il y en avoit de si gros, que si notre Interprete ne nous eut point assuré qu'ils n'étoient pas d'une férocité dangereuse, notre nombre ne nous auroit pas paru suffisant pour nous garantir de leurs insultes. Comme il nous auroit été inutile de les tuer, nous ne fîmes aucun usage de nos fusils. Mais le Capitaine s'étant avisé d'en coucher en jouë un fort gros qui étoit monté au sommet d'un arbre, après nous avoir long tems fatigués à le poursuivre, cette espece de menace dont il se souvenoit peut-être d'avoir vû quelquefois l'execution sur quelqu'un de ses semblables, lui causa tant de frayeur qu'il tomba presqu'immobile à nos pieds; & dans l'étourdissement de sa chûte nous n'eûmes aucune peine à le prendre : cependant lorsqu'il fut revenu à lui, nous eûmes besoin de toute notre adresse & de tous nos efforts pour le conserver, en lui liant étroitement les pattes. Il se défendoit encore par ses morsures, ce qui nous mit dans la nécessité de lui couvrir la tête, & de la serrer avec nos mouchoirs. Nous en prîmes un autre, que l'Ecrivain renversa d'un coup de pierre, & qui en fut si blessé, qu'il mourut quelques jours après.

En descendant de l'autre côté de la montagne, nous fûmes surpris qu'au lieu du terrain sec & sablonneux que nous avions vû jusqu'alors, il ne se présenta qu'une perspective riante dans une Plaine à perte de vûë. C'étoient, en plusieurs endroits, des Habitations, qui ressembloient à nos Bourgs & à nos meilleurs Villages. La plûpart des maisons étoient bâties de briques, & ne le cédoient point pour la propreté & l'agrément, aux jolies maisons de Hollande. La Campagne étoit couverte de verdure. Notre Interprete nous assura que la terre y étoit aussi bonne, que dans les cantons les plus fertiles de l'Europe, & qu'elle y produisoit toutes sortes de grains & de fruits. Mais cette belle Plaine, qui n'a pas moins de quinze lieuës d'étenduë, est infestée continuellement par un grand nombre de bêtes sauvages, qui descendent des montagnes arides dont elle est bordée. Quoique tous ces animaux n'en veuillent point à la vie des hommes, il s'y trouve des Lions, des Tigres, des Léopards, des Chiens sauvages, des Loups, & d'autres ennemis de la race humaine, à qui la faim fait quelquefois commettre des désordres fort sanglans. Les Laboureurs ne conduisent point la charuë sans être armés, & l'entrée de toutes les Habitations est défenduë par des fossés & par des portes. On trouve d'ailleurs dans le Païs toutes sortes de gibiers, particulierement des cerfs, dont le nombre est prodigieux. Il y a quantité de chevaux sauvages, parmi lesquels il s'en trouve d'une beauté extraordinaire. Ils ont la peau diversifiée de rayes blanches & noires. Mais on parvient difficilement à les dompter. Les eaux des Sources & des Rivieres étant excelentes & fort poissonneuses, il ne manque rien à ce beau canton pour la commodité & l'agrément de la vie.

L'amusement qui nous avoit arrêtés sur la Montagne ayant consumé une grande partie du jour, notre Interpréte nous fit craindre que si l'admiration nous retenoit plus long-tems à considerer la plaine, nous ne fussions exposés à la rencontre de ces terribles animaux dont il nous avoit peint la férocité. Nous presâmes notre marche. Toutes les Habitations ayant beaucoup de ressemblances, il nous suffisoit d'en voir une pour prendre une idée de toutes les autres. Celle où nous arrivâmes se nomme Delpht, du nom apparemment d'une Ville de Hollande. On nous y reçut avec toutes sortes de caresses. Le Capitaine, qui savoit quelques mots de Hollandois, nous quitta pour se promener seul dans les ruës. Il revint une heure après, avec une femme Angloise qu'il avoit rencontrée, & qui marquoit une joie extrême de se trouver avec trois personnes de son Païs. Elle s'étoit mariée en Hollande à un Tailleur, qui n'ayant pû se procurer une vie commode dans sa Patrie, s'étoit déterminé à venir chercher une meilleure fortune au Cap. Elle n'étoit pas sans agrément, & le Capitaine qui conservoit son ancien goût pour le plaisir, lui ayant proposé en badinant de nous suivre, elle nous surprit par la facilité qu'elle eût à goûter cette offre. Nous profitâmes du moins d'une si favorable disposition pour nous faire expliquer mille choses que nous n'espérions point d'apprendre de notre Interpréte. Elle nous dit que les Hollandois n'avoient guéres d'autre commerce avec les Naturels du Païs, que celui de l'or & des dents d'éléphans. S'ils ont des mines ausquelles ils fassent travailler eux-mêmes, le secret en est bien impénétrable, puisqu'après plusieurs années de séjour au Cap, elle ignoroit qu'ils y eussent cette sorte de richesse; mais elle nous asûra que dans divers tems de l'année, plusieurs nations Caffres leur apportoient de la poudre d'or & de petits lingots, tels que ceux dont nous avions rempli nos deux tonneaux. Ces Barbares, plus grossiers que tous les autres peuples de l'Afrique, comptent pour rien les petits miroirs, les étoffes, & toutes les denrées qui servent à apprivoiser les Sauvages. Ils ne cherchent dans leur trafic que de l'Eau-de-vie, qu'ils aiment avec une violente passion, des haches & d'autres instrumens fabriqués. La plûpart sont entierement nuds, & d'une noirceur surprenante. Ils ne se nourrissent que de chair cruë. On ne leur connoît ni Loix, ni Religion. Leurs habitations, qui consistent en Cabanes formées de branches d'arbres, sont répanduës dans les montagnes, & n'offrent qu'un amas dégoûtant de saletés.

qui infectent l'air. Ils font riches en troupeaux de toute espéce. A peu de distance du lieu où nous étions, vers une pointe qu'on nomme le Cap des Eguilles, on compte plus de cent mille bêtes à cornes dans une Nation qui n'est pas composée de plus de deux mille Negres, & qui n'occupe pas plus de dix lieuës dans tout son terroir. Toutes les entreprises qu'on a tentées pour les civiliser n'ont abouti qu'à faire prendre au plus grand nombre la résolution de se retirer plus loin dans les montagnes. Ils ont tant d'aversion pour l'ordre & pour la police, qu'il est rare qu'on en puisse accoutumer quelques-uns à rendre des services réguliers dans les Habitations des Hollandois. Cependant lorsqu'on parvient à les apprivoiser parfaitement, ils sont capables de travail & de fidélité.

Le commerce qu'ils exercent eux-mêmes, non-seulement des prisonniers qu'ils font à la guerre, mais de leurs propres enfans, & de tous ceux sur qui la force, ou des usages inconnus leur donnent quelque droit & quelque pouvoir, ne leur rapporte guéres que des liqueurs fortes & des ustenciles de peu de valeur. Mais les malheureux qui sont ainsi vendus pour l'esclavage n'acceptent jamais volontairement leur sort, & mettent tout en usage pour s'en garantir. Il est arrivé plus d'une fois qu'au jour marqué pour les échanges, la plûpart se donnoient la mort par différentes voies, ou qu'ils se précipitoient dans la Mer en mettant le pied dans le Vaisseau, & que les Marchands d'Europe se trouvoient frustrés de leur proie sans être en droit d'en faire un reproche à ceux de qui ils l'avoient reçûë. Malgré les précautions que l'expérience fait prendre, il s'en trouve toujours plusieurs qui réussissent à se délivrer de la vie pour éviter tout ce qu'ils se figurent d'affreux dans l'esclavage.

Au lieu de perdre le tems à visiter d'autres Habitations Hollandoises qui ne nous auroient rien offert que nous n'eussions déja vû dans la prémiere, nous proposâmes à notre Interpréte de nous conduire le lendemain dans quelque canton habité par des Negres. Il consentit à nous en faire voir un qui n'étoit qu'à quatre lieuës de Delpht, dans une gorge de la Montagne que nous avions traversée. Nos chevaux étoient assez bons pour nous faire espérer de revenir commodément avant la fin du jour. L'intention du Capitaine, en proposant ce Voyage, étoit de se familiariser plus que jamais avec les signes & les usages des Negres, pour nous faciliter le grand dessein auquel ses méditations se rapportoient continuellement. Il promit à l'Angloise de se charger d'elle à notre retour, & lorsque je lui demandai sérieusement à quoi il la destinoit, il me dit qu'elle pourroit être utile, en qualité de Servante, à ma femme & à mes enfans. Mais croyant pénétrer ses vûës, je le priai d'abandonner un projet qui blessoit la bienséance, & j'obtins de lui qu'il ne favoriseroit point le libertinage d'une femme qui étoit lasse apparemment de son mari.

Les Négres, dont nous visitâmes l'Habitation, étoient de la race des Hotentots, les plus sales & les plus grossiers de tous ces Peuples barbares. Le voisinage des Hollandois les avoit accoutumés à les voir sans effroi, & nous fûmes fort satisfaits de l'accueil qu'ils nous firent. Ils nous offrirent du lait & de la chair qui n'avoit pas mauvaise apparence, avec une espéce de pain composé d'une racine dont le goût approche fort de celui de la noisette. Ils ont pris des Hollandois l'usage de se couvrir d'une sorte d'habits, qui ne sont que de simples peaux de Mouton, avec la laine, préparées avec de l'excrément de vache & une certaine graisse, qui les rend aussi insuportables à la vûë qu'à l'odorat. Le centre de leur Nation est beaucoup moins civilisé. Elle habite la Côte orientale & méridionale. Les Hotentots sont agiles, robustes, hardis & plus adroits que les autres à manier leurs armes, qui sont la zagaye & les fléches. Ils vont même servir chez les autres Nations en qualité de Soldats. Leur exercice principal est la chasse. Ils tuent fort adroitement avec des armes empoisonnées des éléphans, des rhinoceros, des élans, des cerfs ; & ce qui est extrêmement singulier, c'est, dit-on, qu'à les entendre parler des Hollandois, lors même qu'ils les servent pour en obtenir un peu de pain, de tabac & d'eau-de-vie, ils les regardent comme des misérables, qui viennent cultiver avec beaucoup de peine les terres de leur Païs, au lieu d'y vivre en repos, ou de s'occuper comme eux à la chasse. Mais quelque bonne opinion qu'ils aient d'eux-mêmes, rien ne peut représenter les horreurs de la vie qu'ils menent. Ils sont d'une saleté qui surpasse l'imagination, comme s'ils mettoient leur étude à se rendre affreux & dégoûtans. Ils se frottent le visage & les mains de la suie de leurs chaudieres, ou d'une graisse noire qui les rend puants & hideux. Ils s'en graissent aussi la tête, ce qui joint leurs cheveux en petites toufes, ausquelles ils attachent des pieces de cuivre ou de verre. Les plus considérables parmi eux portent aussi de grands cercles d'yvoire, qu'ils passent dans leurs bras, au-dessus & au-dessous du coude. Les femmes s'entourent les jambes de petites peaux taillées exprès, ou d'intestins d'animaux, & se font des colliers avec de petits os de différentes couleurs. Mais quoique cette Nation soit horrible à la vûë, elle n'approche point, pour la férocité & la barbarie, de celle des Caffres, dont notre Interprête nous fit des relations presqu'incroyables. Ma méthode dans ce Journal ayant toujours été de ne m'attacher qu'aux choses que j'ai vûës par mes yeux, je me suis contenté dans ces occasions d'écrire seulement les principaux traits que j'ai pû recueillir des discours d'autrui. Les Hollandois ne donnent point au Païs des Caffres moins d'onze ou douze cens lieuës d'étenduë. Il est borné dans les terres par une longue chaîne de Montagnes. Les Portugais ont nommé Picos Fragosos celles qui s'avancent du côté du Cap de Bonne Espérance. Le mot de Caffre signifie *sans Loi*, il vient du mot *Cafir* ou *Cafiruna*, que les Arabes donnent à tous ceux qui nient l'unité d'un Dieu, & qu'on a crû convenable aux Habitans de ce Païs, parce qu'on a prétendu qu'ils n'avoient ni Princes, ni Religion. Ils ignorent eux-mêmes que nous leur donnions le nom de Caffres, qui leur est inconnu. Mais on a sû depuis, par diverses Relations, qu'ils ont plusieurs Rois, tels que ceux de Malemba, de Chicanga, de Sedanda, de Quietava, de Cefala & de Metavan. Ces Peuples sont noirs, brutaux

& cruels. Il s'y trouve des Antropophages. On comprend dans le Païs des Caffres le Royaume de Sofala, qui produit tant d'or & d'éléphans, qu'on a douté si ce n'étoit pas l'Ophir de Salomon. Les Portugais y ont la Forteresse de Sofala ou de *Cuama*, vis-à-vis de Madagascar. Mais les Caffres les mieux connus sont ceux qui demeurent vers le Cap de Bonne Espérance, & qu'on distingue par différens noms : les Cochoquas, les Cariguriques, les Hosaes, les Chainouquas, les Sonquas, les Brigoudis, les Namaquas, & les Goringhaiconas, &c.

Ces derniers, que les Hollandois appellent Watermans, c'est-à-dire, *Hommes d'eau*, sont à peu de distance du Cap, sous la conduite d'un Chef. Ce fut leur Habitation que nous visitâmes. Les Garachouquas, sur-nommés Voleurs de tabac, ont aussi leur Capitaine, & n'ont pas moins de quatre ou cinq cens hommes capables de porter les armes. Les Gorinhaiques, ou gens du Cap, autres voisins des Hollandois, portent ce nom, parce qu'ils s'attribuent la propriété du Cap de Bonne Espérance. Les Cochoquas sont quatre ou cinq cens familles qui occupent quinze ou seize Villages à vingt-sept lieuës du Cap vers le Nord-Ouest. Ce sont ceux qui ont, comme je l'ai déja remarqué, plus de cent mille bêtes à cornes. Leurs moutons, au lieu d'une laine frisée, ont le poil long, moucheté & de diverses couleurs. Les Chainouquas sont situés à plus de trois mois de chemin du Cap, & n'ont été connus que par l'infortune de quelques Voyageurs qui se sont égarés dans cette immense contrée. Les Cobinas sont au-delà de ceux-ci, & passent pour des Antropophages, qui rotissent vifs ceux dont ils peuvent se saisir, sans épargner les gens mêmes de leur Nation. Ils sont les plus noirs des Negres, & portent les cheveux fort longs. En 1713. ils dévorérent six Hollandois, que l'espérance de recueillir de l'or avoit fait pénétrer jusques dans leur canton. Les Sonquas habitent sur de hautes Montagnes. Les deux sexes y font également leur occupation de la chasse, & ne vivent que de la chair cruë des bêtes qu'ils peuvent tuer avec leurs fléches & leurs zagayes. On trouve dans leur Païs des chevaux & des ânes sauvages, qui sont mouchetés de plusieurs couleurs très-vives. Les chevaux y sont bien formés. Ils ont ordinairement le dos & le ventre tachetés de jaune, de noir, de rouge & d'azur ; mais la peau des ânes sauvages est marquée de blanc & de couleur de noisette. En 1662. les Sonquas portérent quelques-unes de ces peaux au Cap de Bonne Espérance, & les donnérent pour du tabac aux Hollandois, qui en remplirent une de paille & la suspendirent dans la salle du Château, où ils nous la firent voir encore. Ces Caffres sont voleurs de profession, & tout le bétail qu'il peuvent enlever est regardé parmi eux comme une partie de leur chasse. Ils se couvrent, dans certains tems, de peau de buffles, dont ils se font une espéce de manteau. Leurs femmes portent autour de la tête un parasol, fait de plumes d'autruches. Les Namaquas se tiennent à plus de cent cinquante lieuës, & quelquefois à deux cens lieuës du Cap de Bonne Esperance ; car c'est une Nation vagabonde, quoiqu'elle soit une des plus nombreuses &

des plus guerrieres. Ils ont la taille belle, & se couvrent quelquefois le corps de peaux de bêtes, embellies de grains de verre qu'ils achetent des Portugais, pour des Brebis & des Chévres. Les hommes portent une plaque d'yvoire au bas du ventre, & les femmes se couvrent cette partie d'une belle peau ; elles ont le reste du corps nud. Ces Caffres reconnoissent l'autorité d'un Chef. Lorsqu'ils virent pour la premiere fois des Hollandois parmi eux, ils les reçurent avec une troupe d'Instrumens, qui souffloient chacun dans un roseau, dont le son imitoit celui de la Trompette Marine. Leur Chef les régala de lait & de chair de Mouton ; & les présens des Hollandois furent de l'Eau de vie, du Tabac, des grains de Corail, & quelques morceaux de cuivre. Les Housaquas demeurent fort loin, au Nord-Ouest du Cap; on n'a jamais pénétré dans leur Pays, on en voit seulement quelques-uns qui viennent sur la Côte avec le Chef des Chainouguas, pour faire trafic de bétail. Outre la qualité de Pasteurs, ils font gloire de s'exercer à l'Agriculture. Ils cultivent particulierement une certaine racine qu'on nomme Dacha, & qui étant infusée dans l'eau, enyvre comme le vin le plus fort. On dit qu'ils tendent des piéges pour prendre des Lions, qu'ils les apprivoisent, & les rendent aussi dociles que des chiens, jusqu'à les rendre capables de les suivre à la guerre, & de fondre sur leurs ennemis dans la chaleur du combat. Les Brigoudis n'ont gueres été vûs des Voyageurs, on sçait seulement qu'ils sont fort riches en bétail.

En général les Caffres ont le teint bazané & olivâtre, quoique plusieurs Nations l'aient d'un noir extrèmement foncé. Ils ont les lévres grosses, & le visage affreux; ceux qui ont quelque communication avec les Hollandois, se civilisent insensiblement, les autres sont sauvages, & vivent dans une profonde ignorance. Leurs armes sont l'arc & les fléches, avec une zagaye, qui est une espece de Javelot. Ils ne se nourrissent que de racines cuites dans l'eau, ou roties sur des charbons; de la chair de leurs plus méchantes bêtes, qu'ils ne tuent point si elles ne sont vieilles ou malades, ou du poisson
qu'ils

qu'ils trouvent mort sur le rivage. Ils se font un morceau délicat d'un Chien de mer, & ils n'en manquent point, car la Côte en est remplie. Les Caffres vivent fort long tems, & la plûpart vont jusqu'à cent & six-vingt ans. Ils enterrent leurs Morts assis & nuds, & dans les funérailles ils observent une céremonie très-fâcheuse, car tous les parens du mort sont obligés de se couper le doigt de la main gauche, pour le jetter dans la fosse ; aussi regardent-ils comme un malheur extrême de voir mourir leurs parens. Leurs maisons sont généralement composées de branches d'arbres, & couvertes de jonc ; à la réserve de quelques Peuples qui se retirent dans des cavernes. Plusieurs de ces cabannes sont si grandes, qu'elles peuvent contenir une famille de trente personnes. Il paroît que la Langue de toutes les Nations Caffres est à peu près la même ; mais elle est si confuse & si mal articulée, que les Etrangers ne peuvent l'apprendre. Au contraire les Caffres apprennent assez facilement celle des Etrangers, & dans le voisinage du Cap il s'en trouve beaucoup qui se font entendre en Hollandois. Quoiqu'ils n'ayent aucune trace de culte religieux, on croit qu'ils reconnoissent un Estre Souverain, mais ils ne pensent gueres à lui rendre le moindre hommage. Ils poussent néanmoins des cris vers le Ciel, lorsqu'après un mauvais tems ils voyent que l'air commence à devenir plus doux ou plus serein. Ils rendent aussi quelques respects à la Lune lorsqu'elle commence à paroître, du moins si l'on en juge par l'ardeur avec laquelle ils passent alors toute la nuit à chanter & à danser.

S'il avoit pû nous rester quelque curiosité après avoir passé quelques heures dans l'Habitation des Sauvages, elle auroit regardé le Fort d'Hallenbock que les Hollandois ont construit à dix lieuës du Cap, & qui est devenu un lieu considérable par le grand nombre d'Habitans qui s'y sont établis. Il est fait pour arrêter les Sauvages, qui peuvent quelquefois s'attrouper. Une garnison assez nombreuse rend le Cap & les autres Habitations tranquilles de ce côté là. Mais ayant peu de lumieres à espérer dans une Place de Guerre, nous retournâmes au Cap le lendemain de notre départ.

J'y étois attendu par une disgrace que j'étois fort éloigné de prévoir, & qui m'auroit été néanmoins beaucoup plus fâcheuse si elle eut été differée plus long-tems. Depuis huit jours que nous étions arrivés au Cap, on avoit eu le tems de reparer ce qui pouvoit manquer à notre Vaisseau, & nous pensions à nous remettre en mer au premier vent. Mais en partant vingt-quatre heures plutôt, je me serois exposé au chagrin de ne recevoir que dans les Indes une nouvelle qui auroit rendu mon Voyage absolument inutile. Pendant la nuit que nous avions passée à visiter les Habitations Hollandoises, il étoit arrivé au Cap un Vaisseau Anglois, qui ne s'étoit arrêté comme nous que pour quelques nécessités de Navigation. Il faisoit aussi le Voyage des Indes, & n'étoit parti de Londres qu'environ quinze jours après le nôtre. M. Sprat mortellement picqué de l'innocente tromperie qu'il avoit à me reprocher, avoit saisi la premiere occasion d'en tirer vengeance. Le Capitaine, qui se nommoit M. Rut, étoit chargé d'un ordre cruel, qu'il devoit me remettre au premier lieu où il pourroit me rencontrer.

N'ayant point compté de trouver notre Vaiſſeau au Cap, il n'avoit appris qu'avec un extrême étonnement que nous y étions depuis huit jours; & dans mon abſence il avoit déja cherché à voir ma femme, mais il ne lui avoit fait aucune ouverture de ſa Commiſſion. Je lui en ſçus bon gré en l'apprenant moi-même, parce que cette nouvelle, annoncée ſans préparation, auroit cauſé trop de chagrin à toute ma famille. M. Rut m'ayant fait demande la permiſſion de me voir, commença ſon diſcours par un compliment fort civil ſur le tort qu'il m'alloit faire, & dont le reſſentiment ne devoit pas tomber ſur lui. Enſuite, me remettant une Lettre de M. Sprat, il me dit qu'il en avoit une autre à rendre à mon Capitaine, qui contenoit les mêmes ordres. Je me hâtai de lire la mienne. C'étoit une révocation de la Charge de Supercargoës dont j'étois revêtu dans le Vaiſſeau, & de la Commiſſion que M. Sprat m'avoit accordée dans ſon Comptoir. Il ne me cachoit pas, que ſenſible à l'outrage qu'il prétendoit avoir reçû par ma conduite, il étoit charmé de m'en faire porter la peine; & seulement, disoit-il, il plaignoit ma malheureuse famille qui alloit peut-être se trouver réduite à bien des extrémités fâcheuses par mon injustice & ma mauvaise foi.

J'avoüe que ce malheur me parut terrible. Cependant, je remerciai intérieurement le Ciel d'avoir permis que M. Rut m'eût rencontré au Cap, pour m'épargner une course dont le terme auroit augmenté mes embarras. Les Marchandises que j'avois sur le Vaisseau ne pouvoient m'être enlevées, & ce seul fond suffisoit pour me soutenir pendant quelque tems au Cap. Les Hollandois sont d'un excellent caractere. Je ne doutai point qu'en leur expliquant la cause de mon infortune & le besoin que j'avois de leur assistance, ils ne m'accordassent toutes les faveurs qui conviendroient à ma situation.

On voit que dans ces premieres réflexions je ne faisois point entrer la ressource des lingots d'or, dont je ne me flatai point effectivement que notre Capitaine me fit jamais la moindre part. Je n'avois aucun titre pour y prétendre. Quoiqu'il m'eût donné quelques témoignages d'amitié, & que je lui crusse un bon naturel, je jugeai que l'ardeur qu'il avoit pour s'enrichir, lui feroit oublier des promesses dont l'execution ne dépendoit que de sa volonté. Enfin, je comptai si peu sur la générosité de son cœur, que ne pensant pas même à le solliciter par des prieres inutiles, j'employai mes premiers soins à calmer les inquiétudes de ma femme. De là je me rendis au Vaisseau, pour faire décharger mes Marchandises. Le Vent étoit devenu si favorable depuis une heure, que j'apprehendois tout de l'empressement de l'Equipage. Mais je trouvai le Capitaine à Bord, où il avoit reçu la Lettre de M. Sprat. Il vint à moi, les bras ouverts & la larme à l'œil. Après m'avoir fait connoître qu'il étoit instruit de mon malheur, & qu'il regrettoit amerement de n'y pouvoir remédier, il me félicita d'en avoir reçu la nouvelle dans un lieu où je pouvois trouver mille moyens de l'adoucir. D'ailleurs, ajouta-t-il, vous ne serez pauvre nulle part avec une bonne partie de nos Lingots, que mon intention est de vous ceder.

Il ne falloit que mon embarras, sans aucun attachement aux richesses, pour me faire trouver le sujet d'une vive satisfaction dans ce discours. J'embrassai à mon tour un Ami si fidelle & si génereux, & les premiers témoignages de ma reconnoissance tomberent sur sa bonté plus que sur le tresor qu'il me promettoit. Mais enfin, dans l'état où j'allois me trouver, je ne lui cachai point que ses génereuses promesses me rendoient la vie, & sauvoient peut-être du dernier desespoir une malheureuse famille dont le sort meritoit sa pitié. Des remercimens si vifs exciterent encore le noble penchant de son cœur. Il me protesta que si l'honneur lui eût permis d'abandonner la conduite de son Vaisseau, il auroit pris le parti de lier sa fortune à la mienne, & de proposer même sa main pour ma fille aînée. Et s'il eût pû se persuader, ajouta-t-il, que je voulusse faire assez de fond sur sa parole pour attendre son retour, il n'auroit pas balancé à me jurer que je le trouverois dans la même disposition. Une offre de cette nature ne pouvoit être acceptée subitement. Je lui répondis qu'à son retour il me trouveroit vraisemblablement au Cap, & que sans recevoir de lui aucune promesse par laquelle il pût se croire engagé, je serois ravi de lui voir rapporter des sentimens si favorables à ma famille. Il les confirma sur le champ, en faisant décharger parmi mes Marchandises le Baril qui contenoit environ la quatriéme partie de notre or.

Quoique les essais que nous avions faits à Ferro & depuis notre arrivée au Cap, ne me laissassent plus aucun doute que nos Lingots ne fussent de l'or réel, il s'y trouvoit tant de mêlange que mes richesses ne répondoient pas tout-à-fait à l'idée qu'on s'en pourroit former. Nos calculs nous avoient déja fait concevoir qu'il y avoit deux tiers à rabattre sur le volume. Mais en supposant même une diminution de trois quarts, je comptois que ma part étoit d'environ cent mille écus; & dans l'état de ma fortune, cette somme méritoit bien le nom de trésor. Je promis au Capitaine que s'il repassoit au Cap, il trouveroit en me revoyant que je n'aurois pas négligé nos intérêts communs. J'étois pénétré de tendresse en lui faisant mes adieux, & je communiquai les mêmes sentimens à ma famille. Le Vaisseau qui m'avoit apporté les ordres de M. Sprat partit avec le nôtre. Il se nommoit *le Georges*.

Le bruit de ma disgrace s'étant déja répandu au Cap, avec des circonstances d'autant plus avantageuses pour moi, qu'elles avoient été confirmées par le Ministre même des fureurs de M. Sprat, je trouvai de la compassion & de la bonté dans les Officiers de la Compagnie Hollandoise & dans tous les Habitans. Ils ne me croyoient pas riche, parce qu'ils avoient sçû que le seul motif de mon Voyage avoit été de réparer ma fortune. Ils me proposerent d'abord d'acheter mes Marchandises, en me faisant entendre qu'ils m'y feroient trouver autant de profit que si je les eusse transportées aux Indes. Mais j'avois déja formé d'autres vûës pour lesquelles je les croyois nécessaires. D'ailleurs, en confessant à ces généreux Hôtes que mes affaires étoient fort dérangées, je ne voulois pas qu'ils me crûssent dans la nécessité, & j'étois bien aife au contraire de les mettre dans l'opinion que les reftes de ma fortune me laiffoient encore le pouvoir de former quelque entreprife.

L'inclination qu'ils avoient à me fecourir devint beaucoup plus vive, lorfqu'ayant commencé, moi & toute ma famille, à étudier leur Langue, ils purent nous parler & nous entendre. Ma fille aînée étoit aimable. Je ne fus pas long-tems fans recevoir pour elle des propofitions de mariage. Un Marchand établi depuis vingt ans au Cap, où il avoit amaffé de grandes richeffes, & veuf depuis fix mois, me fit offrir de la prendre fans dot. Je ne rejettai point abfolument fes offres. Mais quoique mon Capitaine ne fe fût lié à moi que par une promeffe vague dont je l'avois même difpenfé, la reconnoiffance que je devois à fon amitié m'avoit fait prendre la réfolution d'attendre effectivement fon retour. Mon intention d'ailleurs étant bien éloignée de me fixer au Cap, j'aurois eu trop de regret d'y laiffer ma fille, au rifque de ne la revoir jamais. Cependant, pour le deffein que j'avois de m'inftruire dans toutes les méthodes de

Commerce, & de jetter les fondemens de quelque entreprise avant le retour du Capitaine, je gardai des ménagemens qui pouvoient faire croire aux Hollandois que je pensois à profiter de leurs bontés. Je n'alléguai que l'extrême jeunesse de ma fille, & je demandai qu'on lui laissât du moins le tems d'apprendre mieux la Langue. Ayant pris une maison au Cap, je cherchai par degrés à m'insinuer dans la confiance de mes Voisins; je me mêlai insensiblement dans leurs assemblées & dans leurs affaires. Je parvins bientôt à n'être plus regardé comme un Etranger.

Ma femme, qui avoit de l'esprit & du courage, entra merveilleusement dans les projets que je lui avois communiqués. Elle se fit aimer universellement dans l'Habitation, & l'habitude des mœurs Hollandoises ne lui couta rien à former. Nous raisonnions souvent ensemble sur les desseins que je méditois, lorsqu'il arriva de Hollande trois Vaisseaux qui alloient à Batavia. Cet incident me fit suspendre une résolution que je me croyois à la veille d'exécuter. Je pensai qu'avant que de me livrer à des idées trop hautes, je ne

E vj

ferois pas mal de saisir une si belle occasion de m'instruire. La confiance des Hollandois croissant pour moi de jour en jour, je ne douterai point qu'ils ne m'accordassent la liberté de faire le Voyage de Batavia, surtout lorsque je leur laisserois des gages aussi chers que ma famille. Je commençois à parler fort bien leur Langue. Il ne me manquoit qu'un prétexte pour leur faire agréer mon dessein. Le hazard me l'offrit heureusement par la mort d'un Facteur de quelques Marchands de Londres, qui avoit obtenu de la Compagnie de Hollande la permission de faire le Voyage à bord d'un de leurs trois Vaisseaux. S'étant trouvé fort mal en arrivant, il avoit appris avec joie qu'il y avoit au Cap un Anglois dont on y estimoit la probité, & dans ses derniers momens, il me proposa de me charger de ses Lettres & de ses Mémoires, pour les faire remettre à Londres, ou pour exécuter moi-même sa Commission. Elle regardoit la Carguaison d'un Vaisseau Anglois, qui avoit péri près de l'Isle de Java l'année précédente en revenant de la Chine. Les Hollandois de Batavia avoient sauvé une partie confidérable des richeffes qu'il apportoit; mais après de longues difcuffions, qui n'avoient pû fe terminer à Amfterdam, les Marchands Anglois avoient pris le parti d'envoyer un de leurs Facteurs aux Indes, & la Compagnie ne s'y étoit pas oppofé.

La facilité que je ne pouvois manquer de trouver à revenir de Batavia au Cap, me fit efpérer qu'après avoir fini les affaires des Marchands de Londres, je ferois de retour affez-tôt pour prévenir M. Rindekly, mon ancien Capitaine. S'il continuoit fon Voyage jufqu'en Angleterre, je me propofois de le charger du rapport de ma conduite & des pieces ou des effets que je devois retirer de Batavia. Avec cette vûë, j'avois celle de mortifier M. Sprat, lorfque tous les Marchands de Londres apprendroient de la bouche de mon ami, & peut-être par le fuccès de ma négociation, que je ne méritois pas le tort qu'il avoit fait à mon honneur en m'ôtant les emplois qu'il m'avoit confiés. Enfin, quelque parti que M. Rindekly pût prendre après fa courfe, je ne devois pas douter que s'il s'arrêtoit au Cap pour épouser ma fille, celui à qui il remettroit la conduite de son Vaisseau jusqu'à Londres ne fût digne de ma confiance autant que de la sienne.

Il n'y eut personne au Cap qui n'applaudit à ma résolution. Ma femme ne l'approuva pas moins, & ce fut elle qui me conseilla de prendre avec moi l'aîné de mes fils. J'embarquai une partie de mes Montres & de mes ouvrages d'Orféverie, avec le quart de mes lingots que je voulois une fois convertir en argent monnoyé pour m'assurer de leur juste valeur. Nous partîmes le 17. de Juillet, à bord du Dauphin, Vaisseau de Middlebourg. Notre navigation fut heureuse jusqu'à la hauteur du Cap de Bruining, éloigné d'environ cent lieuës de celui de Bonne Espérance. Mais un vent impétueux nous ayant fait perdre de vûe les deux autres Vaisseaux, nous passâmes quatre jours entiers sans les revoir. Enfin, lorsque nous commencions à perdre l'espérance de les rejoindre, nous les apperçûmes à l'ancre, & nous découvrîmes, à mesure que nous en approchions, qu'ils avoient été plus maltraités que nous par la tempête. Le Zuyderzée, qui portoit quarante pieces de canon, avoit perdu deux de ses mâts, & se trouvoit ouvert de tant de côtés, que dans le danger pressant où il étoit, on avoit déja transporté une partie de sa carguaison dans l'autre. Quoiqu'on eut apporté une diligence extrême à fermer toutes les voies d'eau, il s'en formoit de nouvelles à tous momens; ce qu'on ne pouvoit attribuer qu'au choc violent de quelque rocher, qui avoit ébranlé toute la charpente, sans qu'on s'en fût apperçu dans l'agitation de la tempête; & le péril étoit ainsi d'autant plus terrible, que renaissant sans cesse, on ne savoit où le reméde devoit être porté pour le prévenir. Les trois Capitaines ayant tenu conseil sur un si malheureux accident, conclurent à faire passer le reste de la carguaison, ou du moins ce qu'elle contenoit de plus précieux, sur le Bord où j'étois. Il ne resta dans le Zuyderzée que l'artillerie, l'équipage & les vivres. Mais ce qui servoit à le soulager nous devenoit si incommode, qu'au lieu de continuer notre route, tous nos vœux furent pour trouver quelque Côte où nous pussions nous délivrer de cet embarras. Nous profitâmes à toutes voiles d'un vent qui nous poussoit vers le Continent, & l'ayant eu deux jours entiers de la même force, nous apperçûmes la terre au troisiéme jour. Le rivage étoit uni ; & plus loin dans les terres, nous découvrions quantité de bois qui nous firent prendre une bonne opinion du Païs ; mais il nous étoit inconnu, & nous n'appercevions ni Habitations, ni Port qui pussent servir à diriger notre course. La sonde ne nous faisoit plus trouver que dix-huit brasses. Nous mîmes à l'ancre, & n'étant guéres qu'à trois ou quatre lieuës du rivage, nous prîmes le parti de détacher la Chaloupe pour observer plus particulierement la Côte.

Dans l'ardeur qui me faisoit chercher toutes les occasions de m'instruire, je me mis au nombre de ceux qui sortirent du Vaisseau. Nous n'eûmes pas avancé l'espace de quatre ou cinq milles, que nous sentant repoussés par les flots dans une Mer assez tranquille, nous ne doutâmes point que nous ne fuſſions fort proches de l'Embouchure de quelque grande Riviere. Cette eſpérance nous cauſant beaucoup de joie, nous continuâmes d'avancer à force de rames, & nous diſtinguâmes enfin ſi clairement le courant & la différence des eaux, que nous retournâmes auſſi-tôt au Vaiſſeau pour y porter cette agréable nouvelle. Les trois Capitaines ne balancérent point à prendre ſur le champ la même route. Notre rapport ſe trouva fidéle. La Riviere ſe retréciſſant à meſure que notre vûe pouvoit s'étendre dans les terres, nous crûmes qu'avec un tems fort doux, il n'y avoit aucun péril à nous avancer la ſonde à la main. La profondeur de l'eau ſe trouva preſque égale depuis l'extrêmité de la Côte, juſqu'au lieu où l'Embouchure commençoit à ſe retrécir ; & le rivage paroiſſant aſſez commode ſur la gauche, nous jettâmes l'ancre à la portée du fuſil de la terre, ſur douze braſſes de fond.

Comme le Païs nous offroit beaucoup de bois, & que nos trois Vaiſſeaux ne manquoient ni d'ouvriers, ni d'inſtrumens, les Capitaines jugérent qu'il étoit inutile de chercher plus loin des secours que nous pouvions nous procurer sans pénétrer dans le Païs. On commença le travail avec beaucoup d'ardeur. Mais quel moyen de refuser à une partie de l'Equipage la liberté de chasser sur la Côte ? Quoique cette permission ne fut accordée qu'avec beaucoup de réserve pendant les premiers jours, elle devint plus facile à obtenir lorsqu'on vit rapporter aux Chasseurs le meilleur & le plus beau gibier du monde. Ceux qui s'écartoient le plus du rivage, nous assurérent qu'ils avoient vû des cédres d'une beauté admirable, & d'autres arbres odoriférans. Ils avoient pris vifs quelques oiseaux, qui étoient tombés à terre au bruit de leurs fusils, & un petit animal de la grosseur d'une belette, dont la peau étoit mouchetée de diverses couleurs. Pendant quatre jours que l'ardeur de la chasse alloit en augmentant, nous nous trouvâmes assez de venaison de toutes sortes d'espéces pour nourrir les trois Equipages pendant plusieurs mois. Aussi ne prenions-nous plus cet exercice que pour notre amusement. Mais le bruit de tant de coups de fufils n'ayant pû manquer de se faire entendre, quelques Chaffeurs nous avertirent, le cinquiéme jour, qu'après avoir obfervé d'abord un nuage de poufliere dans une vafte campagne qu'ils avoient parcouruë, ils avoient été furpris de découvrir un corps confidérable d'hommes armés, qui marchoient vers la Mer, & qui ne devoient pas être éloignés de plus d'une lieuë. Il étoit clair qu'ils nous cherchoient. Les Capitaines fe hâtérent de faire tirer un coup de canon pour raffembler tout leur monde. Ils auroient souhaité que chacun pût regagner fon Bord avant l'arrivée des Negres : mais perdant cette efpérance dans une allarme fi fubite, ils ne voulurent point abandonner à la difcrétion des Sauvages quantité d'honnêtes gens qui étoient encore difperfés. Le Capitaine du Vaiffeau de Midelbourg, brave & prudent Officier, fut d'avis de nous ranger tous derriere les arbres qu'on avoit apportés fur le rivage, & que nos Charpentiers commençoient à mettre en œuvre. Il donna ordre en même-tems que les Vaiffeaux euffent le flanc tourné vers la terre, pour être en état de faire leur décharge au premier signe. Les trois Equipages montant enfemble au nombre de cent dix hommes, nous étions à terre environ foixante, qui n'avions point d'autres armes que nos fufils & des bayonettes. Mais quoique le fignal du canon eut ramené les moins éloignés, il nous en manquoit encore huit ou dix qui couroient grand danger d'avoir été coupés par les Negres. Cependant nous découvrîmes bien-tôt la petite Armée qui fembloit nous menacer. Quoiqu'au fond notre frayeur fut médiocre, parce que les Hollandois font aimés de la plûpart de ces Peuples, avec lefquels ils entretiennent continuellement quelque commerce, nous ne négligeâmes aucune précaution pour notre défenfe. En peu de momens les arbres avoient été croifés les uns fur les autres, & rangés avec affez d'habileté pour faire une barricade fort difficile à forcer. La facilité d'ajufter nos coups, en tirant à bout pofé, nous rendoit prefque fûrs de l'effet de toutes nos décharges; & nous ne doutions point que le bruit d'environ quarante pieces de canon n'augmentât beaucoup la frayeur de nos ennemis.

Notre agitation n'empêchoit point que nous n'eussions l'œil ouvert sur tous leurs mouvemens. Ils s'arrêterent à cinq cens pas de nous. Leur nombre nous parut d'environ trois cens. Ayant connu que nous les attendions de pied ferme, & la vûe des trois Vaisseaux servant peut-être à les refroidir, ils détachérent vers nous quatre hommes, que nous reconnûmes ensuite pour quatre de leurs Officiers. Nous nous disposâmes à les recevoir honnêtement, & l'un de nos trois Capitaines s'avança de quelques pas au devant d'eux, suivi d'un même nombre de nos gens. Ces quatre Negres étoient de belle taille. Ils portoient des bonnets quarrés, qui étoient ornés de plumes de Paon & d'Autruches. Ils avoient le corps nud, mais ils portoient des chaînes de fer qui se croisoient sur l'estomac & sur le dos. Leurs armes étoient l'arc & la fléche, avec une hache & un poignard, suspendus à leur ceinture. Ils avoient aussi sur le dos, à côté du carquois, une sorte de bouclier, garni d'une peau de busle,

Ils nous saluerent d'un air fier. Le Capitaine leur rendit leur salut, & ne comprenant rien à quelques discours qu'ils prononçoient dans leur Langue, il leur montra, pour réponse, nos Vaisseaux, & notre Troupe, qui faisoit fort bonne contenance derriere les arbres. Les Negres, voyant qu'ils n'étoient point entendus, prononcerent fort distinctement quelques mots Hollandois, sans liaison à la vérité, mais capables de nous faire juger aussi-tôt qu'ils avoient déja reçû des visites de cette Nation. Le mot d'*ia*, par lequel nous applaudimes d'abord à ce que nous entendions, fut un nouveau signe par lequel ils nous reconnurent aussi. Ils firent d'une main dans l'autre le mouvement par lequel ils expriment les échanges du commerce; & nous nous figurâmes qu'ils vouloient nous marquer que nous étions des Marchands, ou qu'ils espéroient de faire quelques affaires de négoce avec nous. Notre maniere de répondre ayant été propre à les confirmer dans cette idée, ils ne penserent plus qu'à nous accabler de caresses.

Nos Capitaines leur offrirent alors

un verre d'eau-de-vie, qu'ils accepterent avec les témoignages d'une joie fort vive. Ils ne se firent pas presser davantage pour entrer dans une Chaloupe, & se laisser conduire aux Vaisseaux. On leur y donna des rafraîchissemens. Ils les prirent avec avidité; & quoiqu'ils parussent moins touchés de quelques petits présens que les Capitaines joignirent à la bonne chere, ils les reçûrent aussi avec différentes marques de reconnoissance.

Leurs gens avoient fait si peu de mouvement dans cet intervalle, que nous les jugeâmes plus accoutumés à la discipline militaire que le commun de ces Barbares. Ils attendirent le retour de leurs Chefs, qui reprirent en nous quittant le même air de fierté avec lequel ils nous avoient abordés. Toute leur Troupe s'éloigna aussi-tôt, comme s'ils ne leur étoit plus resté la moindre défiance de notre amitié. Nous raisonnâmes beaucoup sur le Païs où nous étions, & les Capitaines croyant en pouvoir juger par les armes des Negres, s'imaginerent que ce devoit être quelque partie du Royaume de Carlevan. Nous n'avions aucun in-

térêt préfent qui nous portât à profiter de leur bonne volonté. Mais il nous reftoit de l'inquiétude pour les huit perfonnes de l'Equipage qui ne s'étoient pas rendus au fignal du canon. Le jour entier fe paffa fans qu'on les vit paroître. Le lendemain dans l'après midi, nous fûmes furpris de les voir defcendre fur la Riviere dans une Barque affez ornée, qui étoit fuivie de deux autres Barques remplies de Negres. Ils nous rejoignirent d'un air fort fatisfait. Etant tombés la veille dans le corps des Sauvages, ils avoient été arrêtés, & conduits auffi-tôt par un détachement à la Ville voifine où paffoit le Fleuve qui les avoit apportés. Ils nous firent une defcription fort confufe de mille chofes qu'ils avoient obfervées avec d'autant moins d'attention, que tout leur efprit avoit été d'abord occupé par la crainte. Cependant il s'étoit trouvé dans la Ville un Negre qui entendoit & qui parloit même affez clairement la langue Hollandoife. Ils avoient été traités civilement auffi-tôt qu'ils avoient été reconnus; & dans la crainte que nous ne reçuffions quelque infulte de la Milice qui
s'étoit

s'étoit avancée vers la Mer au bruit de nos mousquetades, ils avoient eu la liberté de partir, avec le Negre qui leur avoit servi d'Interpréte, & quelques autres Negres, qui avoient ordre de nous faire toutes sortes de caresses. La Ville, qu'ils nommerent Pemba, n'étoit qu'à sept ou huit lieuës par eau; mais à cause de quelques marais impraticables, autour desquels il falloit prendre pour gagner le bord de la Mer, on y comptoit plus de douze lieuës par terre.

Ce que l'interpréte Negre joignit à ce récit, nous fit connoître que nous étions sur la côte d'Estrila, qui sans appartenir au Roi de Carlenan, est tributaire de ce Prince, & fait un commerce assez considérable avec les Hollandois & les Portugais, qui entrent dans le Païs sans y avoir encore aucun Comptoir. Entre plusieurs marchandises qu'ils en tirent, telles que des gommes & du tamarin, ils en rapportent des dents d'une espece de Sanglier, qui les ont plus belles que les Elephans.

Le Negre qui nous faisoit ce récit, nous invita d'une maniere pressante à remonter la Riviere jusqu'à Pemba, en nous assurant que nous y trouverions toutes sortes de commodités & d'ouvriers pour le radoubement de nos Vaisseaux. Mais en l'entendant raisonner sur ses propres intentions, nous comprimes que servant au commerce du Païs avec les Européens, il y trouvoit des avantages qu'il vouloit aussi se procurer avec nous. Il avoit été vendu dans sa jeunesse à des Marchands d'Esclaves, & son aversion pour l'esclavage lui avoit inspiré le courage de se jetter dans la Mer, à la vûe d'un Vaisseau Hollandois, qu'il avoit eu le bonheur de joindre, après avoir nagé pendant plus de deux heures. Ayant été conduit à Bantam, il y avoit passé plusieurs années avec assez de douceur pour en conserver un souvenir qui lui faisoit toujours aimer les Hollandois. Comme les trois Vaisseaux étoient chargés pour Batavia, nous n'avions aucune vûe de commerce qui pût nous arrêter ; & les réparations que nous avions à faire au Zuiderzée ne demandoient point d'autres secours que ceux de nos propres ouvriers.

Ainsi nous étant acquittés de la politesse du Negre & de ses Compagnons par quelques legers présens, nous nous remîmes en Mer après huit jours de repos. Le tems ne cessa plus de nous favoriser jusqu'à la vûe de l'Isle de Java, où nous essuyâmes encore une tempête si violente, qu'elle nous força d'entrer dans le Détroit de la Sonde, & de relâcher à Bantam. Cette Ville, où les Hollandois ont une forte Garnison qui tient le Roi & tout le Païs sous leur obéïssance, est située au pied d'une charmante Colline, d'où sortent trois Rivieres, qui servent à la fortifier autant qu'à l'embellir. L'une passe au milieu de la Ville, & les deux autres coulent au long des murailles. La nuit étoit fort avancée lorsque nous nous présentâmes à l'entrée du Port. Quoique tout y parût tranquille, je fus surpris qu'à la premiere nouvelle de notre arrivée il se fit tout d'un coup un bruit épouvantable dont on m'expliqua aussi-tôt la cause. Les Insulaires n'ayant point de cloches se servent, pour avertir le Public, de plusieurs tambours d'une extrême grosseur, qu'ils battent avec de grosses barres de fer. Ils ont aussi des bassins de cuivre qu'ils battent par mesure, & sur lesquels ils forment un carillon fort harmonieux. Toutes les personnes de qualité entretiennent un Corps de Garde à l'entrée de leur Maison, formé de plusieurs Esclaves, qui veillent la nuit pour la sûreté de leur Maître. Ainsi à la moindre allarme, toute la Ville est réveillée par un bruit extraordinaire ; & l'arrivée de trois Vaisseaux dans une nuit fort obscure, avoit causé de l'inquiétude aux Gardes du Port.

Cependant, comme les Hollandois y sont si absolument les maîtres, que les autres Peuples n'y peuvent aborder sans leur permission, nous trouvâmes tout le monde empressé à nous servir. La tempête avoit encore maltraité furieusement un de nos Vaisseaux, & quelques Marchands Hollandois de Bantam étoient interessés dans notre carguaison. C'étoient deux raisons de nous y arrêter. Un de nos trois Capitaines partit le lendemain pour se rendre par terre à Batavia. J'étois le maître de partir avec lui ; mais rien ne me forçant à cette diligence, je me fis un amusement de voir Bantam, pour commencer à connoître les Indiens.

Le jour étant venu nous éclairer, je fus frappé du spectacle de la Ville, qui forme une perspective extrêmement riante. Un mêlange de Maisons peintes, séparées par des Jardins plantés de cocos, & distinguées par un grand nombre de petites Tours bâties sur differens modeles, furent le prémier objet qui fixa mes yeux. Mais en les ramenant sur le rivage, je reconnus la maniere de Hollande dans un grand nombre d'édifices, & l'on m'apprit, pour m'expliquer cette différence, que tous les Etrangers, c'est-à-dire les Hollandois, les Chinois, les Malays, les Abissins, & quantité d'autres Marchands qui se sont établis à Bantam, ont leur demeure hors de la Ville. Chacun s'est bâti dans le goût de sa Nation, ce qui donne une varieté fort agréable aux Fauxbourgs, qui sont d'une grande étenduë. La facilité que nous eûmes à nous procurer tous nos besoins, me fit connoître tout à la fois, que Bantam est un lieu d'abondance, & que les Hollandois y sont fort respectés. Je m'informai d'abord s'il n'y avoit aucun Anglois. On m'en nomma deux, dont l'un y vivoit depuis plus de 20 ans, & jouïssoit d'une fortune aisée. L'autre y avoit été conduit depuis quelques mois par des avantures qui n'ont point de rapport à mon récit, & ne se soutenoit que par son esprit & son adresse. Comme il ne manquoit point de se trouver au Port, à l'arrivée de chaque Vaisseau, pour y chercher l'occasion d'employer ses talens, il apprit de quelques gens de notre Equipage que j'étois de sa Nation, & je le vis empressé à m'offrir ses services avant que j'eusse pensé à les lui demander. C'étoit d'un Hollandois de Bantam que j'avois déja sû qui il étoit; & le caractere qu'on lui attribuoit n'avoit pû m'inspirer beaucoup de confiance. Cependant je reçûs ses offres, pour me servir de lui du moins comme d'un guide. Sa curiosité sur mes affaires & ses questions pressantes sur les motifs de mon Voyage, ne me donnérent point toute l'ouverture qu'il souhaitoit de me trouver. Il me fit valoir les connoissances qu'il s'étoit faites dans le Païs; & si je m'en étois rapporté à lui dès les prémiers momens, je lui aurois abandonné ma conduite & le soin de tous mes interêts.

J'avois pris une meilleure opinion de M. King, qui étoit l'autre Anglois dont on m'avoit parlé. Je brûlois de le voir, moins pour employer son secours, qui m'étoit inutile à Bantam, que pour me faire un ami dont la société me fût agréable. Je demandai à celui qui m'avoit prévenu s'il pouvoit me procurer sa connoissance. Loin de me répondre avec la même ardeur, il reçut si froidement cette proposition, que je découvris tout d'un coup qu'ils étoient mal ensemble. Ma défiance augmentant pour lui, je le quittai honnêtement, avec le dessein de ne le revoir qu'après avoir entretenu M. King. Je me fis conduire chez lui, dès le même jour, par un Hollandois. Il me reçut avec beaucoup de civilités. Sa femme, qui étoit Angloise aussi, ne se lassoit point de remercier le Ciel qui lui accordoit la douceur de revoir un homme de son Païs. J'en pris occasion de leur demander s'ils ne recevoient pas la même consolation de M. Fleet, avec lequel je leur appris que j'avois déja quelque liaison. Ils ne m'en rendirent pas un meilleur témoignage que le prémier Hollandois qui m'en avoit parlé, & je demeurai convaincu que c'étoit un homme dangereux.

Après avoir entendu le récit de mes affaires, M. King me pressa de prendre un logement chez lui pendant le séjour que je voulois faire à Bantam. Je me rendis à ses invitations. Il ne se flatoit point, en m'assurant que sa conduite & l'usage qu'il faisoit de son bien, lui avoient attiré une égale considération parmi les Indiens & les Etrangers. Je le reconnus dès le lendemain aux caresses qu'il reçut dans la Ville, & que sa protection me fit partager avec lui. Nous trouvâmes en y entrant, le Peuple fort émû, pour l'exécution d'un Criminel qui avoit tué fort lâchement une femme, & qui venoit d'être condamné au supplice. M. King m'apprit les formalités de leur justice, qui sont fort simples & fort courtes. Le Magistrat a son Siége dans la cour du Palais royal, où les Parties comparoissent sans Procureurs & sans Avocats. Si l'accusation est capitale, on amene le Criminel, & les

Accusateurs le suivent avec les Témoins. On expose le crime dans toutes ses circonstances. Les Témoins le confirment, & le Jugement succéde aussi-tôt. Il n'y a qu'un seul supplice pour tous les crimes qui méritent la mort. On attache le Coupable à un poteau, & on le tuë d'un coup de poignard. Les Etrangers ont ce privilége, que pourvû qu'ils n'aient point tué de sang froid & de guet à pan, ils évitent la mort en satisfaisant à la Partie civile. J'eus la curiosité d'assister à l'exécution. La foule nous ouvrit le passage en reconnoissant à mes habits que j'étois arrivé nouvellement. Le Criminel étoit déja livré à l'Exécuteur, qui s'approchoit avec lui du poteau. Il avoit les mains liées, la tête nuë, & ses grimaces me firent juger qu'il n'alloit pas recevoir la mort avec plus de noblesse, qu'il ne l'avoit donnée. Cependant la scene fut si prompte, que sa crainte ne le fit pas souffrir long-tems. J'admirai le silence du Peuple pendant l'exécution, & l'air de tristesse que chacun emportoit en se retirant.

Nous nous trouvions dans la cour

du Palais. M. King m'offrit d'employer son crédit pour me procurer la vûe de tout ce qui n'étoit pas fermé pour les Etrangers. Il s'adressa au Maître des Cérémonies, dont il fut reçû avec beaucoup de politesse. Ce Palais, qui est environné d'un large fossé, & qui a plûtôt l'apparence d'un Château fortifié, se nomme le *Paceban*. Il n'a pas moins d'une demie lieuë de tour. Il est bâti presqu'entierement de bois; car les pierres sont si rares dans l'Isle de Java, que les ruës mêmes de Bantam ne sont point pavées. Tous les murs sont revêtus de peintures fort vives, mais si mal dessinées, qu'après avoir vû les animaux, les arbres, & les autres figures qu'on a voulu représenter, il est encore assez difficile de les y reconnoître. De la prémiere cour qui est environnée de cocos, joints par un grillage fort épais qui sert de mur, le Moyetan ou Maître des Cérémonies, nous fit entrer par un vaste sallon, dans une cour fermée de bâtimens. Les peintures en étoient beaucoup plus fraiches que celles de la prémiere façade. Cette cour est le poste ordinaire de la Garde intérieure qui se retire dans le sallon pendant la nuit, & même pendant le jour, quand le mauvais tems ne permet point d'être à découvert. Les armes des Gardes sont suspenduës au long des murs, c'est-à-dire leurs arcs, leurs fléches, & quelques arquebuses qui leur viennent anciennement des Anglois ; car ils ont continuellement la zagaye en main. Leur habillement est une sorte de veste qui leur serre le corps jusqu'à la ceinture, & qui s'élargit autour des cuisses en descendant cinq ou six doigts au-dessous des genoux. Leur ceinture est fort large. Ils portent sur la tête un bonnet surmonté de plumes d'Autruches ; & comme on choisit les plus vigoureux Soldats pour cet office, ils ont tous l'air fort guerrier. Ils nous saluerent à notre passage avec la zagaye. Leur nombre étoit d'environ deux cens.

Le Moyetan nous fit entrer dans un autre sallon, moins grand, mais beaucoup plus orné que le premier. Nous y trouvâmes les Officiers de la Garde intérieure, vêtus dans la même forme que leurs Soldats, mais d'une étoffe fort riche. Le fond en étoit de soye, entremêlée d'un tissu d'or qui serpentoit en différentes figures. Ils avoient à la main, au lieu de zagaye, une espece de dard plus court, orné d'or au lieu de fer. Une clé que le Moyetan portoit à sa ceinture, & qui est le signe de la faveur pour tous les Grands de l'Etat, nous ouvrit une porte dorée, par laquelle nous entrâmes dans un long appartement. Les murs en étoient ou dorés comme la porte, ou couverts par intervalles d'un fort beau verni, qui représentoit diverses figures d'animaux & quelques païsages mal dessinés. Je ne parle que des trois prémieres chambres; car les suivantes & plusieurs cabinets, qui me parurent fort bien distribués, étoient tapissés d'étoffes dont la beauté exciteroit de l'admiration, si le dessein en étoit aussi régulier que le fond & les couleurs en sont magnifiques. La plûpart de ces pieces étoient sans siéges, à la réserve de quelques sofas, & d'un grand nombre de coussins qui étoient en pile dans les coins de chaque chambre. Il ne se préfenta point un seul Esclave dans notre marche. M. King, à qui je demandai la cause de cette solitude, me dit que dans tous les appartemens du Roi, il n'y avoit point habituellement dix domestiques. Le gros des Officiers qui le servent, est dans un quartier séparé ; & ceux qui demeurent plus près de sa personne n'y sont que pour avertir au prémier signe celui dont le Roi demande quelque service.

La cour où la vûe donnoit par les fenêtres, étoit une espéce de jardin, distribué en allées, & rempli de caisses qui contenoient différens arbrisseaux. Au fond l'on voyoit une grille, percée en arcades, qui donnoient passage dans un jardin beaucoup plus grand, & qui laissoient appercevoir deux aîles de bâtimens dont mes yeux ne purent mesurer l'étenduë. M. King me dit qu'il n'étoit permis à personne de passer cette grille, si l'on n'étoit appellé par un ordre exprès du Roi. L'appartement qu'il habite est dans l'une des deux aîles ; l'autre est habité par ses femmes. Des deux côtés, il y a d'autres cours par derriere, qui servent au logement des domestiques, & qui ont leur entrée par d'autres portes du Palais. On n'y trouve ni salles pour les Conseils, ni même aucun appartement pour les Audiences. L'usage ancien du Païs, est que le Roi convoque l'assemblée de ses Conseillers dans une plaine voisine de la Ville, où l'on traite les plus grandes affaires de l'Etat. Il est vrai qu'il y en a peu d'importantes depuis que les Hollandois tiennent le Païs & la Capitale même en bride par leurs Garnisons. Ainsi, le Roi de Bantam n'a qu'une autorité dépendante qui ressemble peu au Pouvoir Souverain; & comme il est le plus puissant de tous les Princes Indiens de l'Isle, on peut se former là-dessus une juste idée des autres.

Rien ne me parut plus curieux & plus agréable dans son Palais qu'une grande Voliere où l'on a rassemblé toutes les especes d'Oiseaux qui sont connus dans les Indes. La variété de leurs figures & de leurs plumages forme un spectacle dont mes yeux ne pouvoient se rassasier. D'ailleurs, la Voliere est si belle qu'on la prendroit pour un Temple magnifique. Elle est à l'extrémité du quartier des Femmes, pour leur servir d'amusement. Notre Guide avertit M. King dans cet endroit, qu'il ne pouvoit nous faire pénétrer plus loin. Mais il nous accorda par différentes ouvertures la vûë des Jardins, où je remarquai beaucoup plus de beautés en Cabinets vernis & en Treillages, qu'en Allées, en Fleurs & en Parterres. La plûpart des Arbres n'y sont que des Cocos. Les Arbrisseaux & les Plantes ont besoin d'être renouvellés trop souvent dans un climat si chaud, & demandent autant de soins pour être garantis des ardeurs du Soleil, qu'on en apporte dans l'Europe à les défendre du froid. Les trois Rivieres qui arrosent la Ville fournissent néanmoins de l'eau en abondance à toutes les parties du Jardin, & secondent l'Art des Jardiniers. Mais en général, si les Jardins des Indes contiennent des ornemens plus précieux que les nôtres, ils n'en approchent point pour l'ordre & l'agrément.

Le Moyetan joignit à ses politesses une collation de Fruits délicieux. Son logement, comme celui de tous les autres Officiers de la Couronne, est au quartier des Domestiques ; mais dans une cour séparée, qui marque la différence du rang & des dignités. Il nous fit voir aussi celle des Officiers subalternes, qui est un péristile, par le moyen duquel on en fait le tour à couvert pour la commodité du service. Leurs chambres & leurs appartemens sont dans de longues galeries, qui ressemblent beaucoup à celles des Couvens. Enfin, dans un Palais d'une si grande étenduë, je ne vis point une seule Piéce d'Architecture qui pût me faire prendre une idée plus avantageuse du goût & de l'industrie des Indiens.

Cette visite fut suivie de celle de la Ville, dont M. King me fit parcourir les plus belles ruës. N'étant point pavées, le fond en est presque toujours ou sale ou poudreux. Mais toutes les maisons sont riantes par la continuité des Vernis & des Peintures. Il n'y a point d'Edifices Publics, excepté quelques Lieux de retraite pour les Malades & pour les Pauvres. Les Marchands & les Ouvriers sont reçus, chacun suivant leur espece, dans des ruës différentes, où l'on ne voit rien qui n'ait rapport à leur Profession. Ils y ont des Chefs de Police qui veillent à l'entretien du bon ordre, & qui jugent toutes leurs affaires en dernier ressort. Les rues des Marchands d'Etoffes & de Bijoux sont d'une richesse & d'une propreté surprenante. En marchant par la Ville, je fus témoin plusieurs fois d'un usage fort incommode pour le Peuple. Les Grands Seigneurs ne paroissent jamais en Public, sans être précédés d'un Officier qui porte devant eux un sabre dont le fourreau est de velours cramoisy, & sert à faire connoître la dignité du Maître. A cette vûe, tous les Passans sont obligés de se prosterner, & ceux qui manqueroient à ce devoir seroient maltraités sur le champ par les Esclaves de la suite, qui sont toujours en fort grand nombre. Les Etrangers sont dispensés de cette humiliante soumission, mais l'usage est qu'ils y suppléent en s'arrêtant dans la rue, & en faisant au Seigneur Indien une profonde inclination. Mon fils, qui m'accompagnoit, ayant fait mal-à-propos quelques pas au long des maisons tandis que nous étions à voir une de ces marches, fut averti fort brusquement par un Esclave de se tenir dans le respect dont personne n'est dispensé.

Nous rendîmes visite à quelques Indiens de la connoissance de M. King, qui nous reçurent avec beaucoup de caresses : Ils nous présentérent d'excellens Vins de plusieurs endroits renommés, avec une sorte de Pâtisserie composée de Ris, de Miel & d'Epices. Outre l'agrément du goût, elle a la propriété de nettoyer l'estomach, & de le fortifier. Les Maisons particulieres, celles du moins des Seigneurs & des riches Marchands, ne sont guéres inférieures à celle du Roi que par l'étenduë. Les Meubles & les Ornemens en sont dans le même goût; & j'aurois même préféré pour mon séjour celle d'un Marchand nommé *Calite*, qui, après s'être enrichi par son Commerce dans le Golphe Persique, s'étoit attaché à se rendre la vie heureuse par toutes les commodités & les agrémens, qu'il pouvoit tirer de ses richesses.

L'amitié de M. King devint si vive pour mon fils & pour moi, qu'après m'en avoir renouvellé les assurances, il m'offrit volontairement de m'accompagner à Batavia, pour faciliter le succès de ma Commission par son crédit. Je ne prévoyois point encore combien ce secours me seroit bientôt nécessaire. Aussi le refusai-je d'abord, par la seule crainte d'abuser de cet excès de politesse. Nos Vaisseaux ne devant pas s'arrêter long-tems au Port de Bantam, je ne pensois point à faire le Voyage de Batavia par terre, comme M. King me le proposoit. Mais l'industrie de M. Fleet avoit déja fait bien du chemin. Le refus que je faisois de ses services, & l'indifférence que je marquois pour son amitié l'avoient irrité jusqu'à lui faire chercher les moyens de me nuire. Il avoit pris des informations parmi les Hollandois sur le sujet de mon Voyage. Une Commission aussi importante que la mienne étoit une belle carriere pour l'artifice. Il étoit parti aussitôt pour Batavia, & s'étant adressé au premier Commis de l'Amirauté, il l'avoit déja rempli des préventions les plus malignes contre mon caractere & contre mon entreprise. Je ne connus cette perfidie que par ses effets. Après avoir passé six jours à Bantam, je me remis en mer au premier signe de mon Capitaine. M. King, qui n'étoit jamais sans quelques affaires à Batavia, me promit de m'y rejoindre, & trouva dans sa politesse un motif de plus pour hâter son Voyage.

Un heureux Vent nous ayant fait sortir du Détroit dès le même jour, nous entrâmes le lendemain dans le Port de Batavia. La nature n'a rien fait de si propre à charmer les yeux que les environs de cette fameuse Ville. On connoît l'induſtrie des Hollandois pour tirer parti des moindres avantages de la ſituation, & pour les embellir. La petiteſſe de leur Païs les forçant de n'y rien négliger, ils ont appris par des expériences continuelles à forcer toutes les difficultés du terrein. Mais n'en ayant point trouvé à Batavia, toute leur attention s'eſt tournée au ſoin de l'ornement. Des Canaux, des Allées d'Arbres, des Bâtimens magnifiques ſont les premiers objets qui ſe préſentent à ceux qui touchent au rivage; & la Campagne ne paroît qu'une grande Ville, au milieu de laquelle Batavia eſt comme reſſerrée. Ce n'eſt pas qu'elle manque d'étenduë. Elle n'en a gueres moins qu'Amſterdam; elle eſt bâtie dans le même goût, c'eſt-à-dire que toutes ſes ruës ſont arroſées d'un large Canal, & plantées de grands Arbres qui donnent des deux côtés un ombrage continuel.

Le Port est large & commode. C'est ce qui se présente à la premiere vûë. Mais les beautés particulieres, les richesses & le Faste de cette magnifique Ville surpassent toutes les Descriptions. Nous y arrivâmes le 2 de Septembre.

L'année avoit été malheureuse pour le Commerce. Outre un grand nombre de naufrages, les Corsaires avoient enlevé ou pillé tant de Vaisseaux, que la consternation étoit répanduë parmi les Marchands. Il n'y avoit point dans le Port de Batavia la moitié des Vaisseaux qu'on y voit tous les ans. Nous remerciâmes le Ciel de nous avoir conservés au milieu de tant de périls, & nos Capitaines se flatérent d'en tirer plus de profit de leur Carguaison. Tandis qu'ils s'occuperent de leurs affaires, je fis l'ouverture des miennes au Conseil de l'Amirauté, qui étoit demeuré en possession des effets de la Compagnie de Londres. Mes explications furent écoutées; mais je conclus de quelques réponses des Officiers du Conseil qu'on m'avoit nui dans leur estime. Ma défiance ne tombant encore sur personne, je résolus seulement d'éclaircir ce soupçon. Je pressai les Officiers de parler nettement. Ils m'avoüerent enfin, sans me nommer le Délateur, qu'ils avoient appris de quelques personnes bien informées, que je prenois faussement le titre de Commissionnaire de la Compagnie Angloise, & que le véritable Député étant mort au Cap de Bonne-Espérance, je m'étois attribué le droit de lui succéder sans aucune sorte d'autorité. Ils ajouterent qu'ayant déja été remercié de mes services par M. Sprat, je ne devois pas être surpris que dans une affaire délicate le Conseil de l'Amirauté crût avoir besoin de quelque précaution, & que s'ils étoient fort éloignés de m'accuser de mauvaise foi, leur propre intérêt ne les obligeoit pas moins à garder les mesures de la prudence. J'entrevis deux choses dans cette réponse. Premierement, quelque maligne insinuation, dont je ne pouvois accuser que les Hollandois de notre Equipage; & je crus démêler en second lieu que Messieurs du Conseil saisissoient volontiers ce prétexte pour éloigner des demandes importunes. Je me défendis comme je le devois par la simple exposition des circonstances où je me trouvois au Cap; & je produisis, en bonne forme, la résignation que le Facteur Anglois m'avoit faite, en mourant, de tous les Pouvoirs dont il étoit revêtu. On reçut mes Pieces pour les examiner à loisir. M. Fleet, que je rencontrai dans les ruës de Batavia, ne paroissant point dans toutes ces occasions, je continuai d'accuser les Hollandois de ma disgrace, & je commençai à craindre de ne pas remporter le fruit que j'avois espéré de mon Voyage.

Cependant, je ne laissai point de satisfaire ma curiosité en visitant toutes les parties de Batavia. Les Hollandois n'y différent de ceux de leur Païs que par la corruption des mœurs, & par le faste, qui y est porté à l'excès. Les plus sages & les plus grossiers y prennent bientôt le goût de toute la mollesse Asiatique. Le luxe de leurs habits & de leurs meubles, la multitude de leurs Esclaves, l'air de grandeur & d'opulence avec lequel ils paroissent en public, & la dépense qu'ils font pour leur table & pour leurs plaisirs, donnent la plus haute idée du monde d'une République qui est representée à deux mille lieuës de son centre par de tels Sujets. Le Gouverneur, le Président du Conseil & tous les Conseillers paroissent autant de Souverains qui disposent de tous les tresors des Indes, & qui n'ont besoin que d'un signe pour se faire obéir. La même magnificence est répanduë dans tous les Ordres de leur Nation. On ne voit point passer dans les ruës la femme d'un Marchand, sans la prendre à son Train pour une Princesse qui marche en Triomphe au milieu de ses Sujets. Elle est portée sur un Brancard soutenu par un grand nombre d'Esclaves. Elle en a d'autres qui la precedent, d'autres qui la suivent. L'or & la soie éclatent sur sa voiture & dans ses habits. Elle est garantie du Soleil ou de la pluie par des tentures dont la galanterie égale la richesse. On est ébloüi de la multitude & de l'éclat de ses diamans. Enfin, rien n'est trop somptueux & trop brillant pour les Hollandois de Batavia ; & s'ils amassent facilement des richesses, ils les prodiguent de même.

Il ne me fut pas difficile, dans cette abondance de l'or & de l'argent, de me faire compter tout d'un coup la
valeur

valeur de mes lingots. On me proposa de me les acheter en masse, sur une estimation vague de la quantité de l'or, en me faisant entendre que cette voie étoit à mon avantage. Mais ce qui m'arrêtoit dans l'affaire de ma Commission ne pouvoit servir à me donner beaucoup de confiance pour un Traité de cette nature. Je voulus que mes lingots fussent mis au creuset, & ne pouvant être trompé au poids ni au prix de l'once, je tirai de tout ce que j'avois apporté la valeur de cinq mille ducats en différentes espèces d'or. Ainsi, prenant cette portion pour le quart de mes Lingots, je me trouvois riche d'environ vingt-cinq mille pistoles. Que le sentiment de ma reconnoissance se renouvella vivement pour M. Rindekly, à qui j'avois l'obligation de ce commencement de fortune !

La Maison de Ville, la Salle du Conseil, l'Arsenal, les Magasins, sont des Edifices à Batavia, dont on admire la beauté. Tous ces Bâtimens, comme la plûpart des ruës de la Ville, portent les mêmes noms qu'à Amsterdam. C'est cette Capitale du Commerce de Hollande qu'on a voulu représenter dans la Capitale du Commerce Hollandois aux Indes Orientales. Tout y porte quelque ressemblance, jusqu'aux lieux de débauche qui sont relégués de même dans certains quartiers de la Ville, & qui païent une contribution à l'Etat. Ce n'est pas sans raison que je les nomme. Mon fils, qui n'étoit encore qu'un enfant, s'y laissa malheureusement entraîner par quelques jeunes gens, sous prétexte de voir les raretés du Païs. Ces lieux dangereux sont peuplés d'Indiennes, qui excellent dans toutes sortes d'exercices agréables, qui chantent, qui dansent, qui ont l'art d'exciter vivement les passions. Ce spectacle frappa mon fils jusqu'à lui faire oublier que la nuit étoit fort avancée ; & quoique ses Compagnons m'ayent protesté, comme lui, qu'il s'étoit conduit avec sagesse, il se trouva mêlé dans la querelle de quelques yvrognes qui attirérent la Garde par leurs excès. On ne mit point de distinction entre l'innocent & le coupable. Il fut mené avec les autres à la Prison de nuit, d'où il eut beaucoup de peine à me faire avertir de son embarras. Le mien étoit déja fort grand, de le voir si long-tems à revenir. Je sortis avec une inquiétude mortelle, & toutes mes sollicitations n'ayant pû me le faire rendre avant le jour, je passai le reste de la nuit dans sa Prison.

Cet incident n'avoit rien qui fût propre à deshonorer mon fils, ni qui dût rejaillir sur moi, dont l'empressement ne pouvoit passer que pour un mouvement de tendresse paternelle. Cependant, M. Fleet ne laissa point échapper cette nouvelle occasion de me nuire. Dès le lendemain, le cours de mes affaires m'ayant conduit au Conseil, j'eus la mortification de m'entendre reprocher que je perdois mon fils par mes exemples, & que ma conduite ne détruisoit pas les mauvais offices qu'on m'avoit rendus. Ainsi, l'on me rendoit responsable d'une folie de jeunesse, à laquelle je n'avois aucune part, & l'on supposoit que j'avois été le guide de mon fils dans une avanture scandaleuse. Je réussis néanmoins fort aisément à dissiper cette noire imputation : mais je n'en augurai pas mieux de la disposition du Conseil. Il sembloit qu'il me fît grace en se rendant à la preuve de mon innocence.

Dans cet intervalle, M. King arriva de Bantam, & me chercha aussitôt avec empressement. Il n'apprit pas mes chagrins sans douleur. La multitude d'amis qu'il avoit dans la Ville lui fit espérer de découvrir qui m'avoit suscité tant d'obstacles. Il reçut enfin les éclaircissemens qu'il cherchoit d'un Ecrivain du Conseil, qui avoit entendu les déclamations de M. Fleet. Nous reconnûmes alors que je devois conserver peu d'espérance, puisque la facilité qu'on avoit eûë à saisir une si frivole occasion de rejetter mes demandes, prouvoit clairement qu'on étoit résolu de fermer l'oreille à toutes mes sollicitations. Il y avoit dans le Port un Vaisseau qui étoit arrivé de Canton, & qui devoit relâcher au Cap de Bonne-Espérance, en reprenant la route de Hollande. Attiré, comme j'étois, par les promesses de M. Rindekly, & craignant de le manquer à son passage, je balançai si je devois remettre plus loin mon départ. M. King n'eut à m'opposer que les mouvemens de l'amitié, qui lui faisoit souhaiter de ne nous séparer jamais. Il entra même dans mon impatience, lorsqu'après avoir fait une nouvelle tentative au Conseil, la réponse que j'en obtins nous fit voir qu'on ne cherchoit plus qu'à se délivrer de mes importunités. J'abandonnai par son avis la poursuite de cette affaire, & j'emploïai le reste du tems dans la société de quelques honnêtes gens dont il m'avoit procuré l'amitié. Mais avant mon départ, j'eus l'occasion de me confirmer dans la pratique d'une vertu que M. Sprat m'avoit déja fait exercer. Un jour où je commençois à faire les préparatifs de mon voyage, je vis entrer chez moi M. Fleet, qui, sans donner la moindre couleur à l'indifférence que nous avions toujours marquée l'un pour l'autre, me félicita de l'occasion que je trouvois de retourner au Cap. Ensuite, affectant quelque regret d'avoir vû manquer ma Commission, il ajouta que malgré le peu d'espoir qu'il avoit, comme moi, d'obtenir du tems ce que je n'avois pas d'abord emporté, il vouloit se charger de mes instructions, & chercher des conjonctures plus favorables pour les faire valoir, en m'offrant de prendre avec moi des engagemens qui me lais-

G iij

feroient toujours la principale direction de cette affaire, au Cap même, d'où je ne manquerois pas de facilités pour me faire instruire de ce qui se passeroit à Batavia. Le pouvoir que j'ai toujours eu sur mes plus justes ressentimens me fit écouter ce discours sans émotion, & prendre le parti de supprimer les explications & les reproches. Je répondis à M. Fleet, qu'il n'y avoit aucune apparence que ce qui n'avoit pû se faire goûter dans ma bouche, trouvât plus de faveur ou de justice sur ma simple procuration ; & je lui déclarai que mon dessein étoit de renvoyer leurs instructions à Messieurs de la Compagnie de Londres, par la premiere voie que je trouverois au Cap.

J'avois passé six semaines à Batavia, dont je ne retirai point d'autre utilité que l'échange de mes lingots, & le plaisir d'avoir vû une si belle Ville. A l'égard du Commerce, quoiqu'il ne me fût point inutile d'avoir observé les usages & les différentes méthodes d'une Nation aussi éclairée que les Hollandois, je ne trouvai point mille choses ausquelles je m'étois attendu. A la réserve des Marchandises qui se consument par l'usage, le Commerce de Batavia n'est que d'entrepôt. Ainsi, l'on n'y voit ni Manufactures, ni Ouvriers d'une habileté extraordinaire, ni inventions nouvelles; enfin, rien de ce qui s'offre de toutes parts à Londres & à Amsterdam. Tout y est apporté des Indes pour la Hollande ou de la Hollande pour les Indes. On y travaille néanmoins les Perles & les autres Pierreries. Mais la plûpart des autres Marchandises sont ou dans les Magasins, d'où elles doivent être transportées suivant leur destination, ou sur les Vaisseaux qui s'arrêtent au Port, & qui payent les droits du passage, soit en allant, soit à leur retour. Je parle du moins de ce qui est tombé sous mes yeux, car j'ai peine à croire que ma qualité d'étranger fût une raison qui eût fait dérober le reste à ma curiosité. Les Hollandois avec qui j'étois venu s'ouvroient à moi sans réserve, & M. King devoit être bien instruit après vingt ans de séjour qu'il avoit fait à Bantam & dans les autres parties de l'Isle.

Mon retour au Cap de Bonne Espérance fut ennuyeux, mais sans danger. L'Enchuyfen, fur lequel j'étois monté, devoit entrer dans le Golphe Perfique, & relâcher dans divers Ports où la Compagnie Hollandoife des Indes Orientales a des Comptoirs. Celui d'Ormutz, qui eft aujourd'hui fort médiocre, nous arrêta long-tems. On y étoit occupé des mouvemens de la Cour de Perfe, & chacun prenant parti fuivant fes interêts ou fon inclination, la crainte des armes étoit beaucoup plus écoutée, que le foin du commerce. M. Dairy, Directeur Hollandois du Comptoir, étoit fort attaché à l'ancienne Race des Rois de Perfe, & ne doutant point que la révolution, dont cette Maifon fembloit menacée par le mécontentement de tous les Grands, & par la foibleffe du Miniftere, ne tournât du moins à l'avantage de quelque Prince du même Sang; il n'avoit point balancé à fe déclarer ouvertement contre les Rebelles. Cependant leur Parti fe fortifioit de jour en jour, & l'on fe croyoit à la veille de quelque fcene fanglante. Nous aurions repris la Mer dans ces circonftances, fi M. Dairy, qui commençoit à fentir la grandeur du péril, n'eut fait naître divers obstacles à notre départ, dans la seule vûë de grossir autour de lui le nombre des Hollandois. Il nous donnoit un jour à souper, au Capitaine, à moi & à quelques honnêtes gens du Vaisseau, dans un fort beau Jardin qu'il avoit à peu de distance de la Ville. Pendant que nous étions à table, il entra dans la Maison plusieurs Persans de la plus vile populace, qui vinrent à nous le sabre à la main, en nous menaçant des plus sanglantes extrêmités. Nous n'étions point en état de nous défendre. Ils nous firent quitter nos places, & s'y mettant avec beaucoup d'insolence, ils mangerent avidemment tout ce qu'on nous avoit servi. M. Dairy se défiant que cette insulte lui venoit d'un des principaux Officiers de la Ville, qui favorisoit le parti des Rebelles, marqua moins de ressentiment que de bonté aux misérables qui nous avoient outragés. Il se plaignit seulement qu'ayant dessein de lui demander à souper, ils n'eussent pas mieux aimé le devoir à son inclination qu'à leur propre violence. Mais ces brutaux, devenus plus hardis par notre facilité, lui répondirent que tous ſes biens appartenoient aux Perſans, puiſqu'il les avoit acquis parmi eux, & qu'ils n'attendroient point ſa permiſſion pour les prendre.

Nous paſsâmes près de deux mois à Ormutz au milieu de ces allarmes, juſqu'à la nouvelle que M. Dairy prit grand ſoin de répandre, que les troupes du Roi s'étoient aſſemblées en aſſez grand nombre pour le faire reſpecter dans ſa Capitale. Enfin nous quittâmes cet ennuyeux ſéjour ; & comme ſi le vent eut ſecondé notre impatience, nous l'eûmes favorable juſqu'au Cap de Bonne Eſperance.

Il s'étoit paſſé près de neuf mois depuis le départ de M. Rindekly. Je ne fus pas ſurpris qu'il ne fût point encore revenu d'un ſi long Voyage ; mais je me figurois que ſon retour ne pouvoit être éloigné. En effet, après une fort heureuſe navigation, il arriva au Cap le 14. de Mars. C'étoit une année entiere depuis que nous étions ſortis de la Tamiſe. Il avoit eu toutes ſortes de ſuccès dans ſa courſe. Il revenoit chargé des richeſſes des Indes, après y avoir porté celles de l'Europe. Son or étoit encore en lingots,

& quoiqu'il n'eût pas manqué d'occasions pour s'assurer que les apparences ne l'avoient pas trompé, il fut ravi d'en recevoir une nouvelle certitude par la somme que j'avois reçûe des Hollandois. J'avois médité plusieurs projets que je lui communiquai dans notre prémiere entrevûe. Mais quoiqu'il en reconnût les avantages, il me les fit abandonner pour en suivre un qu'il avoit formé lui-même, & que je goûtai plus que tous les miens. Ce fut de retourner à Londres avec lui, d'y mettre à couvert la meilleure partie de nos richesses, & d'employer le reste pour acheter ou faire construire un Vaisseau qui rendît nos desseins indépendans d'autrui. J'entrai d'autant plus volontiers dans ce plan, qu'il assuroit le repos de ma famille ; car il n'y avoit aucune apparence de pouvoir me charger de ma femme & de mes enfans dans nos courses, au lieu qu'en les conduisant en Angleterre, j'étois du moins assez riche pour les y laisser dans une situation honnête, qui deviendroit vraisemblablement encore plus douce à l'avenir.

 Avant que de partir, M. Rindekly

me pressa d'accepter sa main pour ma fille. Mais la joie que j'eûs de le retrouver dans cette disposition, ne m'empêcha point de lui représenter une difficulté qui m'arrêtoit. Après avoir refusé de la marier à un Hollandois, sous le seul prétexte de l'âge, je ne pouvois passer sur cet obstacle en faveur de mon ami, sans blesser tous les Hollandois du Cap à qui je devois plus de reconnoissance. J'obtins de M. Rindekly qu'il moderât son impatience jusqu'à Londres; ce qui ne me délivra point de mille importunités que le Hollandois redoubla tous les jours jusqu'au moment de notre départ.

L'ardeur qui nous pressoit pour l'exécution de nos desseins, nous fit éviter tout ce qui pouvoit retarder notre navigation. Étant partis du Cap le 2. d'Avril, nous entrâmes dans la Tamise le 7. de Juin, & nous n'essuyâmes que deux jours de mauvais tems dans une si longue route. Je descendis à Gravesand avec toute ma famille. Heureusement la Maison que j'avois occupée à Londres se trouvoit à vendre à mon arrivée. Je l'achetai pour une femme assez médiocre. J'avouë que la seule raison qui m'en inspira l'envie, fut de reparoître avec quelque avantage dans un quartier où personne n'avoit ignoré ma ruine, & sur-tout à la vûe de M. Sprat qui demeuroit dans la même ruë. Mais sa mort, qui arriva trois semaines après mon retour, me priva d'une partie de cette satisfaction.

A l'exemple de M. Rindekly, je m'occupai sérieusement à mettre de l'ordre dans mes affaires. Nous commençâmes par son mariage, qu'il désiroit avec autant d'ardeur que moi. Ce lien, joint à celui d'une vive amitié, lui fit regarder ma famille comme la sienne, & depuis ce jour, on ne distingua plus qui de nous deux étoit chargé des soins paternels. Il voulut que dans notre absence sa femme continuât de vivre dans ma Maison, & qu'elle en fît tous les frais. Les Espagnols commençoient alors à causer de l'inquiétude à nos Marchands, & sous prétexte d'arrêter la contrebande, ils s'étoient saisis de quelques-uns de nos Bâtimens. Dans la résolution où nous étions toujours de cacher notre projet, nous trouvâmes dans les circonstances un prétexte pour armer un Vaisseau, moitié en guerre, moitié en marchandise. M. Rindekly en fit toute la dépense, & ne laissa pas de reconnoître, dans notre Traité d'association, que la moitié du Vaisseau m'appartenoit. Il fut achevé en moins de trois mois. Nous le fîmes percer pour vingt pieces de canon; & suivant nos arrangemens, l'Equipage devoit être de cent hommes. Mais n'admettant que des gens résolus & qui eussent déja porté les armes, nous ne pûmes parvenir qu'au nombre de soixante-cinq. Outre l'encouragement d'une bonne paye, nous leur fîmes entendre, sans leur expliquer nettement nos espérances, qu'il n'étoit pas question d'un commerce incertain, & qu'il ne falloit avec nous que de la hardiesse & du courage pour s'enrichir. L'or que nous avions rapporté faisoit beaucoup de bruit à Londres, quoique M. Rindekly eût engagé par ses libéralités son ancien Equipage à se taire, & que dans la même vûe il l'eût repris à notre service. On publioit du moins que nous avions fait un butin considérable sur les Côtes d'Afrique, & le silence que nous affections, augmentoit encore l'opinion de nos richesses.

Il dépendit de moi de partir avec une Commission directe des Marchands interessés au Vaisseau de Batavia. En me remerciant de ce que j'avois entrepris pour leur service, ils me pressérent de faire le même Voyage, & de recevoir d'eux-mêmes la qualité de leur Ministre. Quand mes propres interêts auroient pû s'accorder avec cet emploi, il n'y auroit eu qu'une raison qui pût me le faire accepter. On comprend que c'eut été le plaisir d'humilier M. Fleet, & de faire prendre une meilleure idée de moi au Conseil Hollandois. Mais ayant été capable de moderer mon ressentiment à Batavia, il devoit me couter beaucoup moins à vaincre dans l'éloignement où j'étois. Je conseillai néanmoins à ces honnêtes Marchands, & ce conseil étoit un nouveau service, de s'épargner l'embarras d'une nouvelle députation, en priant M. King par leurs Lettres, de prendre en main leurs interêts. L'éloge que je leur fis de son esprit & de sa probité, n'étoit pas moins une justice que je rendois à son mérite, qu'une marque de reconnoissance dont je me croyois redevable à son amitié.

Notre impatience nous faisant mépriser les dangers de l'hyver, nous partîmes sur la fin de l'automne, dans un tems fort doux à la vérité, mais qui cessa de l'être après huit jours de navigation. Le vent qui nous avoit manqué les premiers jours, devint si contraire, que nous délibérâmes si nous ne devions pas retourner au Port de Londres pour y attendre une meilleure saison. Cependant l'espoir de quelque changement nous fit lutter courageusement contre les flots. Nous eûmes en effet des alternatives de beau tems, qui nous mirent en moins de cinq semaines à la hauteur de l'Isle de Madere. Là nous essuyâmes un danger plus terrible que toutes les tempêtes. Ayant rencontré un Vaisseau Espagnol qui nous refusa le salut, M. Rindekly plein du ressentiment qui étoit commun à tous les Anglois, & sûr d'ailleurs de notre supériorité, ne fut pas fâché de mettre le courage de nos gens à l'épreuve. Il fit tourner brusquement la voile vers les Espagnols, & sa résolution, s'il les eut pû joindre, étoit d'aller tout d'un coup à l'abordage. Mais leur Vaisseau étoit plus léger que le nôtre, & le même vent qui nous avoit jettés si près de Madere, favorisoit leur fuite. Lorsqu'ils se crurent assez proches de l'Isle pour nous échaper, ils nous lâcherent toute leur bordée, avec tant d'adresse ou de bonheur, qu'un boulet pénétra jusqu'à nos poudres, & nous mit dans une double allarme par l'ouverture qu'il nous fit en flanc. Notre Capitaine, furieux de cette disgrace, s'obstina dans sa poursuite, & les saluant à son tour d'une affreuse décharge de tout son canon, il les auroit forcés jusques dans le Port, si je ne lui avois représenté que la victoire même entraînoit notre perte. Nous n'eûmes pas peu de peine à nous servir du vent, pour nous éloigner d'un lieu où nous devions nous attendre qu'on ne nous laisseroit pas le tems de respirer.

Nous fûmes consolés de cet accident par la rencontre que nous fîmes le lendemain d'un Vaisseau de notre

Nation, qui revenoit de la Barbade avec une riche carguaifon de Sucre. Nous l'avertîmes de fe défier des Efpagnols. Il nous rendit le même fervice en nous apprenant qu'il avoit rencontré, quatre jours auparavant, deux Corfaires, aufquels il ne s'étoit dérobé qu'à force de voiles. Quoique nous ne fiffions point la même route, nous redoublâmes notre vigilance & notre précaution. L'air devenant plus doux à mefure que nous approchions des Côtes d'Afrique, nous nous retrouvâmes bien-tôt dans la route que nous avions obfervée avec tant de foin l'année précedente.

Je n'ai pas crû qu'il fut néceffaire d'expliquer jufqu'ici quel étoit le prémier but de notre courfe. Nous cherchions cette même Côte où nous avions placé toutes nos efpérances de fortune. Non-feulement nous nous étions munis d'un excellent Pilote; mais ayant remarqué que l'ignorance des lieux nous avoit caufé bien des fatigues & des erreurs, nous avions pris un homme verfé dans la Géographie & l'Aftronomie, qui s'occupoit continuellement à deffiner les différentes formes de la côte, & qui suivant avec méthode le nombre de ses Plans, se mit en état de produire dans une ligne toute la longueur de l'Afrique. Il avoit soin de distinguer tous les lieux par leurs noms connus, & d'en donner à ceux qui n'en avoient pas. Mais l'estime que nous faisions de ses talens nous avoit aveuglés sur le fond de son caractere. Il nous trahissoit, sans que nous pussions nous en défier, & ce travail si constant n'étoit pas pour nous servir. Ce fut le hazard qui nous en donna la connoissance. Un jour qu'il avoit laissé sa clé à la cassette où tous ses Papiers étoient renfermés, M. Rindekly, sans autre intention que d'examiner ses Plans, ouvrit la cassette, & fut tenté par la vûe d'un Parchemin scellé du Sceau d'Angleterre. Il eut la curiosité de lire ce qu'il contenoit. C'étoit un Ordre du Roi, contrôlé par M. Cragg Secretaire d'Etat, par lequel M. Gant, c'étoit le nom de notre Dessinateur ou de notre Ecrivain, étoit autorisé non-seulement à nous suivre, mais à faire la Relation de nos entreprises, & à veiller aux interêts de la Couronne. L'indignation du Capitaine faillit d'abord à le jetter dans des extrêmités qui lui auroient peut-être couté quelque jour sa fortune & la vie. Mais notre bonheur commun me fit arriver dans la Cabane au moment qu'il étoit prêt d'éclater. Il eut le tems de m'apprendre la cause de son trouble, parce que M. Gant étoit occupé à dessiner sur le tillac. Je ne ressentis pas moins d'agitation que lui. Cependant un peu de réflexion sur cet évenement me fit juger que nous n'avions point à choisir d'autre parti que celui de la modération. Je conseillai au Capitaine de fermer la cassette, & de ne rien changer à sa conduite avec l'Ecrivain ; mais de lui faire entendre que dès notre départ nous n'avions point ignoré sa Commission, & que nous étions surpris seulement qu'il nous en eût fait si long-tems un mistere. Ma pensée étoit de l'entendre, & de juger ensuite par sa réponse des mesures que nous avions à prendre pour nous délivrer de ses observations.

Cet expédient eut une partie de l'effet que j'avois souhaité. M. Gant, dans l'embarras qu'il ressentit à nos prémieres ouvertures, & tremblant d'autant plus pour sa sûreté qu'il avoit effectivement de la perfidie à se reprocher, se leva de table où nous étions, & courut à sa cassette, d'où il se hâta de nous apporter sa Patente, pour arrêter, par la vûë des Ordres du Roi, les effets qu'il craignoit de notre ressentiment. Mais affectant plus de tranquillité qu'il ne s'y étoit attendu, nous l'exhortâmes à se remettre de sa crainte. Il nous raconta que sur le bruit de notre découverte, qui avoit été jusqu'aux Ministres, il avoit reçu ordre de se rendre à la Cour, & que M. Cragg l'ayant d'abord interrogé sur l'Emploi qu'il avoit dans notre Vaisseau, & ne le trouvant informé d'aucun de nos desseins, lui avoit proposé de la part du Roi de se charger de la Commission qu'il avoit acceptée. Il ajoûta qu'on nous soupçonnoit d'avoir découvert quelque Mine d'or d'une richesse extraordinaire, & que c'étoit là-dessus précisément que rouloient ses instructions.

Nous balançâmes si cette franchise ne devoit pas nous rendre la confiance que nous avions eûe pour lui; car nous l'avions pris sur le témoignage de nos meilleurs amis ; & paroiſſant ſe repentir de nous avoir trahis, il nous offroit de réparer cette faute par un redoublement de zéle & d'affection. Mais nous conçûmes qu'il ne ſeroit pas le maître lui-même de garder notre ſecret à ſon retour, & que pour peu qu'on découvrît notre marche par d'autres indiſcrétions, l'ordre particulier qu'il avoit accepté, donneroit ſur lui des droits de contrainte qu'on n'avoit pas ſur nous. Ainſi, ſans lui communiquer nos idées, nous prîmes la réſolution de changer de route. Rien n'étoit ſi éloigné de nos intentions que de lui faire violence. Nous réſolumes ſeulement de le mettre, ſous quelque prétexte, dans le prémier Port où nous trouverions un Vaiſſeau de notre Nation, & de l'aider, ſi c'étoit ſon deſſein, à retourner en Angleterre. Etant raſſûré par nos manieres, il employa toute ſon adreſſe pour ſçavoir de nous par quelle voie nous avions découvert ſa Commiſſion ; mais ſa curioſité fut mal ſatisfaite. Cependant le changement de notre route lui fit juger aiſément que nous n'avions point apporté ces lumieres de Londres.

M. Rindekly déclara que par des raisons qui tourneroient à l'avantage de tout le monde, nous étions résolus d'aller directement à la Jamaïque. La surprise fut extrême dans l'Equipage. Mais la confiance qu'on avoit à nous, empêcha les plus hardis de murmurer. Nous quittâmes ainsi les Côtes d'Afrique, & nous ne donnâmes plus notre Voyage que pour une entreprise ordinaire de commerce.

En effet, comme nous étions chargés d'une quantité considérable d'excellentes Marchandises, nous pouvions trouver quelque avantage à la Jamaïque & dans nos autres Colonies. Mais les Impressions de crainte qui étoient restées à M. Gand produisirent une fâcheuse révolution dans sa santé. Il fut saisi d'une fièvre ardente, qui lui ôta la vie dans six jours. Ce nouvel incident changeoit notre situation. Nous commençâmes, M. Rindekly & moi, par apposer le scellé à sa cassette, à la vûë de tout l'Equipage; & cette précaution nous parut nécessaire pour nous rassurer contre bien des craintes. Il ne nous échappa rien néanmoins qui pût en faire soupçonner la cause. Ensuite, ne nous trouvant point assez éloignés de notre premiere route pour rejetter plus loin nos projets, nous retournâmes vers l'Afrique avec une nouvelle ardeur.

Après bien des recherches, d'autant plus pénibles, que le vent ne nous servoit pas toujours à notre gré, nous découvrîmes le Cap d'or ; c'étoit le nom que nous lui avions donné dans notre langage myſtérieux. Nous jettâmes l'ancre dans le même lieu, où nous l'avions jetté autrefois si heureusement. La Mer étoit tranquille, & nous étions à couvert sous la pointe du Cap, qui s'avance beaucoup.

Il n'étoit plus question de déguiser nos espérances à des gens qui n'étoient avec nous que pour les seconder, & qui devoient nécessairement en partager le fruit. M. Rindekly assembla l'Equipage. Il expliqua sans détour que nous n'étions pas loin du lieu que nous avions cherché ; qu'après l'expérience de l'année précedente, il ne falloit pas douter qu'il n'y restât beaucoup d'or, qui pouvoit passer sur le champ dans notre Vaisseau ; mais qu'étant plus capables que les Négres

d'en

d'en recueillir dans les sources que nous connoissions, il falloit moins penser d'abord à la surprise ou à la violence, qu'à nous rétablir dans l'amitié & la confiance des Sauvages. Ensuite proposant un partage, suivant la résolution qu'il avoit prise avec moi, il promit avec serment qu'en qualité de Chefs, nous nous contenterions tous deux de la moitié du butin, & que tout le reste seroit partagé entre l'Equipage. Cette proposition satisfit tout le monde, & fut ratifiée de part & d'autre par un nouveau serment. La joie & l'ardeur se répandirent dans tout le Vaisseau. Il ne restoit plus qu'à chercher les moyens d'entrer en communication avec les Sauvages. Nous n'avions pas attendu si tard à commencer cette déliberation. Mais les difficultés se faisoient beaucoup mieux sentir si proche de l'exécution.

Il ne s'offroit que deux Partis ; l'un de nous présenter à eux ; & l'autre d'attendre le passage de quelqu'une de leurs Barques & d'en prendre occasion, comme il nous étoit arrivé la premiere fois, de les gagner par nos caresses. Celui de faire notre descente au-dessus de leur Habitation, devoit être réservé pour la derniere ressource, c'est-à-dire, pour le cas où la violence deviendroit nécessaire. Ce n'étoit pas le plus mal arrangé ni le moins médité : mais en détruisant toutes nos espérances pour l'avenir, il les réduisoit aux fruits d'un pillage fort court & fort incertain. Entre nos préparatifs, nous avions un Négre du Cap de bonne Espérance, que nous y avions acheté, dans la seule vûe d'en faire notre Interpréte. Si ces misérables étoient sensibles à quelque chose, nous aurions pû nous flater que notre douceur lui auroit inspiré de l'attachement pour nous : mais ils ne sont capables d'être conduits que par la crainte, & nous ne pouvions nous servir de lui sans l'accompagner nous-mêmes. Cependant il nous devint fort utile au moment que nous nous y attendions le moins. Après une nuit fort obscure, pendant laquelle nous n'étions point encore sortis de notre irrésolution, il apperçut aux prémiers rayons du jour, une Barque qui côtoyoit le rivage vers la pointe du Cap, & qui continuoit de voguer sans que les Négres qui la conduifoient paruffent nous découvrir. Nos lunettes nous firent voir qu'ils n'étoient que cinq ou fix. Le Capitaine ne balança point à defcendre lui-même dans la Chaloupe, fuivi feulement de quatre de nos plus braves gens & de notre Négre. Il joignit facilement les Sauvages. Ink, nous avions donné ce nom au nôtre, fe fit entendre d'affez loin par fes fignes pour les guérir de leur prémiere frayeur. Ils fe laifférent aborder, & la facilité avec laquelle Ink leur perfuada qu'ils devoient être fans crainte, nous parut d'un fort bon augure. Ils fuivirent la Chaloupe jufqu'au Vaiffeau. Nous n'avions point oublié par quelles amorces il falloit les prendre. On leur prodigua du bœuf falé ; & fi nous eûmes plus de réferve pour l'eau-de-vie, ce ne fut que dans la crainte de les rendre moins propres à nous fervir. Ils nous reconnurent, le Capitaine & moi.

Ce que nous pûmes tirer d'eux par le miniftere de notre Interpréte, nous apporta peu d'explication. Quoiqu'ils fe remiffent notre vifage, & qu'ils nous marquaffent même de la joie de nous revoir, à peine se souvenoient-ils de ce qui s'étoit passé il y avoit un an. Ils ne purent du moins nous apprendre comment le bruit de notre arrivée étoit allé jusqu'à leur Prince, ni pourquoi il s'étoit assemblé tant de Barques & de gens armés pour venir apparemment nous attaquer ; ce qui leur restoit de plus présent, étoit le bruit de notre canon. Cependant ils nous assûrerent que nous serions bien reçûs dans leur Habitation, & qu'on nous y avoit regretés. Sans savoir jusqu'où devoit aller notre confiance, nous prîmes le parti de hazarder quelque chose sur ce seul fondement. M. Kindekly ne balança point à se faire le Chef d'une députation, qui n'étoit pas sans danger. Mais il falloit montrer aux Négres un visage connu, & le choix ne roulant qu'entre nous deux, il voulut absolument en courir les risques. Il chargea la Chaloupe d'un tonneau de bœuf salé, d'un baril d'eau-de-vie, & de tout ce qui pouvoit plaire aux Sauvages. Il prit avec lui Ink, dix hommes résolus, qui pouvoient se servir également du sabre & de la rame. Nous convînmes qu'en touchant au rivage, il laisseroit deux de ses gens dans la Chaloupe, pour nous donner avis du prémier accueil qu'il y recevroit ; & que nous avançant beaucoup plus près de la Côte avec le Vaisseau, nous nous mettrions en état de lui donner un prompt secours si nous étions trompés dans la confiance que nous prenions aux Barbares.

Toutes ces précautions furent inutiles pour sa descente. Il se fit préceder d'un quart d'heure par deux des six Négres que nous avions reçûs à Bord. Les autres nous demeurerent en otages. La douceur avec laquelle nous les avions traités produisit dans l'Habitation les mêmes effets que l'année précedente. Le rivage se trouva couvert à son arrivée d'une multitude de Sauvages, parmi lesquels il reconnut le fils du vieillard à qui nous avions eu l'obligation de nos lingots. Il lui fit demander par l'Interpréte des nouvelles de son pere. Sa réponse fut touchante, & servit à lever toutes nos incertitudes. Le malheur d'un pere n'avoit pû sortir sitôt de sa mémoire. Il raconta au Négre que le Prince de la

Nation, qui demeuroit à Delaya, Ville ou Habitation confiderable à quelques lieuës de la Mer, ayant appris notre arrivée l'année d'auparavant, & les préfens que nous avions faits à fon pere, étoit tombé dans une violente fureur. Se croyant méprifé de nous, & jugeant fon autorité violée par un de fes principaux Sujets, il avoit fait defcendre fur le champ toute fa Milice au long du Fleuve, avec ordre de fe faifir de nous & de tout ce que nous avions apporté. Après le mauvais fuccès de leur entreprife, fa fureur s'étoit changée en rage. Il avoit enlevé au vieux Chef les préfens qu'il avoit reçûs de nous, & l'ayant puni par un long fuplice, il lui avoit enfin donné la mort.

Ce récit auroit été capable d'effrayer un homme moins intrépide que M. Rindekly. Mais trouvant au contraire dans les fureurs du Prince une raifon d'en efperer un accueil favorable, lorfque nous irions directement à lui & que nous lui offririons, avec nos excufes, de l'amitié & des préfens, il réfolut de tenter cette dangereufe avanture. Loin d'attendre quelque chose de la force, il me renvoya la moitié de son monde. Mais en me faisant expliquer ses intentions, il me prioit d'ajoûter une quantité d'eau-devie & de bœuf salé à celle qu'il avoit emportée dans la Chaloupe, & d'y joindre ce que nous avions de plus propre à séduire les yeux du Prince. J'exécutai d'autant plus volontiers ses ordres, qu'il ne me fit représenter que les facilités de son entreprise. Je lui envoyai quelques pieces d'écarlate, plusieurs mouchoirs de la même couleur, quantité de miroirs, d'étuis & de couteaux, avec un fusil & deux sabres fort ornés. J'y joignis même un grand portrait, qui ne pouvoit manquer de passer parmi des Sauvages pour une piece fort rare.

J'avois fait approcher le Vaisseau si près du rivage, que je découvrois sans peine tous les mouvemens des Négres. Ceux du Capitaine pouvant encore moins m'échaper, je le vis rentrer dans la Chaloupe avec ses gens, & tourner au long de la Côte pour gagner l'Embouchure du Fleuve. Je le recommandai au Ciel, avec toute la confiance que je devois mettre dans

H iiij

son esprit & dans son courage. Il fut absent trois jours, pendant lesquels je n'eûs pas peu d'embarras à écarter les Négres qui venoient sans cesse autour de moi dans leurs Barques. Enfin, je le vis reparoître au quatriéme jour, lorsque mon inquiétude commençoit à devenir si pressante, que je déliberois déja si je ne devois pas m'avancer sur ses traces, & tenter même de remonter le Fleuve jusqu'à l'Habitation du Prince.

Il s'étoit déchargé de ses présens; ce qui me fit juger en l'appercevant de loin, qu'il me rapportoit d'heureuses nouvelles. Son air de satisfaction me le confirma. Tout l'Equipage s'étant assemblé pour le recevoir, il nous apprit qu'il n'avoit découvert l'Habitation du Prince que vers la nuit, & qu'il avoit mieux aimé la passer dans sa Chaloupe, que de s'exposer dans l'obscurité au milieu des Barbares. Mais le jour étant venu l'éclairer, il s'étoit presenté hardiment à l'entrée de l'Habitation, & sans paroître surpris de la foule qu'il vit bien-tôt assemblée, il s'étoit fait conduire au Palais, si je ne dois pas dire à la Cabane du Prince.

Son unique précaution avoit été de faire écarter sa Chaloupe à quelque distance du rivage, & d'ordonner aux gens qu'il y laissa, de n'y recevoir aucun Négre. Il avoit trouvé au Prince l'air dur & farouche ; mais dès les premieres ouvertures qu'il lui avoit faites par la bouche de l'Interpréte, & surtout après l'explication des présens, il avoit vû sa physionomie s'éclaircir. Nos excuses pour l'année précedente avoient été fort bien reçûes. Il n'avoit été question que de faire apporter les présens, ce qui s'étoit exécuté avec une promptitude surprenante. Toute la Cour, si ce n'est pas profaner ce nom, en avoit admiré la beauté & la richesse. Le Prince, qui n'étoit couvert que d'une peau de tigre, s'étoit fait revêtir, ou plûtôt envelopper aussi-tôt d'une piece d'écarlate. Il s'étoit consideré long-tems dans un de nos plus grands miroirs, dont ceux de l'année d'auparavant lui avoient appris l'usage. Enfin, il avoit avallé sur le champ plusieurs verres d'eau-devie, & faisant servir des rafraichissemens au Capitaine, il avoit mangé en même-tems une fort grosse piece de

H v

notre bœuf. Des commencemens si heureux ayant donné au Capitaine la hardiesse d'expliquer ses intentions, le Prince avoit paru surpris que nous fissions plus de cas des anneaux, que lui & la plûpart de ses gens portoient aux oreilles, ou du métail dont ils étoient composés, que des richesses que nous lui apportions en eau-de-vie & en petites marchandises. Il avoit assuré le Capitaine qu'il lui laisseroit la liberté, à ce prix-là, de s'accommoder dans le Païs de tout ce qui lui conviendroit.

Cependant il étoit arrivé un incident qui avoit presque ruiné nos espérances. Le Capitaine n'avoit pas jugé à propos de mettre le fusil au nombre de ses présens. Mais ayant le sien, lui & tous ses gens, cette vûe avoit frappé le Prince, qui n'avoit point oublié l'ancien fracas de notre artillerie. Il les avoit pressés si fortement de lui en abandonner un, que le refus paroissant l'irriter, M. Rindekly lui avoit remis le sien. Ce grossier Sauvage l'avoit d'abord manié si brusquement, qu'ayant porté la main sur le chien avant que le Capitaine s'en fut défié, le coup étoit parti, avoit blessé un Négre au bras, & tué un autre Négre à cinquante pas du prémier. L'épouvante s'étoit répanduë vivement dans toute l'assemblée. Le Prince même, regardant le Capitaine avec effroi, lui avoit laissé douter quelques momens s'il n'en devoit pas craindre quelque chose de funeste. Mais les explications de notre Interpréte avoient calmé ce mouvement. M. Rindekly avoit fait dire au Prince que la crainte même du malheur qui venoit d'arriver avoit été la cause de son prémier refus, que ce dangereux instrument ne convenoit qu'à nous, & qu'il seroit pernicieux à tous les Négres qui voudroient s'en servir. Et pour le rassurer entierement, il avoit remis le chien du fusil dans son repos, en donnant sa parole, que par la seule réparation qu'il venoit d'y faire, il ne causeroit plus ni de bruit, ni de mal sans son ordre. Il pouvoit prendre cet engagement, puisqu'il le rendit au Prince sans l'avoir chargé. Ainsi loin de nous devenir nuisible, cet accident ne servit qu'à faire prendre à la Nation une plus haute idée de nous, par l'impression qui leur demeura de notre pouvoir.

M. Rindekly n'avoit pas quitté le Prince sans avoir fait avec lui une sorte de Traité, dont il lui avoit fait répeter plusieurs fois les articles. Le principal, après celui de notre sûreté, étoit qu'en fournissant le Prince d'eau-de-vie pendant notre séjour dans ses Etats, nous aurions la liberté, non-seulement de tirer de la Riviere & du Païs tout ce qu'ils pouvoient produire, mais celle encore de commercer de bonne foi avec ses Sujets. A ces conditions réciproques, il nous étoit permis de faire remonter la Riviere à notre Vaisseau, & d'user librement de toutes les commodités du Païs.

Nous aurions fait éclater notre joie par une décharge de toute notre Artillerie, si nous n'avions été retenus par la crainte de causer trop de fraïeur à nos Hôtes; mais le Capitaine fit distribuer à tout l'Equipage dequoi célébrer un jour si fortuné, & dès le même jour nous entrâmes sans précaution dans la Riviere, dont il avoit observé la profondeur dans sa route. Elle faisoit si peu de circuits, qu'avec fort peu de vent nous n'employâmes point quatre heures à remonter jusqu'à l'Habitation du Prince. Notre dessein n'étoit pas de nous tenir renfermés entre deux rives, au danger de nous ressentir quelque jour de l'inconstance des Negres. Mais il nous parut nécessaire de soutenir l'idée que la Capitale avoit prise de nous, & de faire voir que ce que nous demandions par amitié, nous étions peut-être en état de l'obtenir par la force. Effectivement le bruit de nos armes à feu nous auroit soumis toute la Nation, & nous n'aurions point eû d'éloignement pour cette voie si nous avions pû faire autant de fond sur la durée que sur la facilité de notre conquête.

La vûë de notre Vaisseau remplit d'étonnement & d'admiration le Prince & tous ses Negres. Nous le reçûmes à bord avec peu de suite, en lui déclarant que nous n'aurions jamais cette déférence que pour sa personne. Il prit plaisir à la bonne chere que nous lui fîmes, & notre maniere de servir lui causa beaucoup de satisfaction. Il avoit avec lui quatre de ses femmes, qui dévorerent nos mets, & qui s'enyvrerent de quelques verres d'Eau de vie. L'expérience qu'il avoit déja faite de cette liqueur le fit boire avec plus de mesure. Mais étant échauffé néanmoins de ce qu'il avoit bû, il observa toutes les parties du Vaisseau avec une vive curiosité. Nos Canons le frapperent encore plus. Il nous fit diverses questions, ausquelles nous ne répondîmes qu'en le priant de ne pas s'approcher trop d'un Instrument beaucoup plus dangereux pour les Negres que nos Fusils. Le Capitaine, qui rapportoit tout à nos projets, lui demanda s'il vouloit connoître par quelques effets la puissance de ces terribles machines. Il y consentit, avec quelques marques de crainte. Nous lui dîmes qu'il y auroit trop de danger pour lui à demeurer si près ; que ces furieux instrumens n'étoient familiers qu'avec nous ; que non seulement il devoit passer sur le rivage, mais qu'il étoit à propos que toute l'Habitation fût avertie, afin qu'elle entendît sans effroi ce que nous ne voulions faire que pour lui apprendre l'utilité de notre amitié. Il se fit conduire au rivage. Son impatience paroissoit mêlée de fraïeur. Il donna des ordres qui furent répandus aussitôt dans l'Habitation, & qui attirerent une foule de Negres sur le bord du Fleuve. Nous avions profité de cet intervalle, pour faire renouveller les charges de toute notre Artillerie. Le bruit de 10 pieces de Canon & de plus de soixante Fusils qui tirerent au même moment, la fumée qui environna tout d'un coup le Vaisseau, & le mouvement même de l'eau qui fut agitée par un effort si violent, causerent au Prince & à tous les Negres une fraïeur qui ne peut être representée. Ils se jetterent à terre, & se presserent contre le sable, comme s'ils eussent esperé de pouvoir s'y cacher. Le Capitaine & moi, nous eumes le tems de gagner le rivage dans la Chaloupe, avant qu'ils fussent revenus de leur consternation. L'air riant que nous prîmes en relevant le Prince acheva de leur persuader que ceux qui causoient sans effort des révolutions si surprenantes, étoient des Hommes d'une espece supérieure. Ils nous auroient adorés si nous avions exigé des honneurs divins ; mais nous pouvions supposer sans témérité que le Prince & toute la Nation étoient assujettis par la terreur autant que par l'intérêt.

Nous commençâmes de ce jour à nous croire auſſi libres qu'à Londres, & nous recommandâmes à tout l'Equipage de ne pas nuire à l'opinion qu'on avoit de nous. Le Prince nous aſſigna quelques Cabanes pour le logement de nos Travailleurs. Mais en les acceptant, nous ne penſions point à les employer. Nous étions réſolus, après avoir paſſé le jour au travail, de retourner chaque nuit au Vaiſſeau, & de jetter l'ancre à peu de diſtance de l'embouchure du Fleuve, vers le lieu où nous nous ſouvenions d'avoir obſervé la pêche des lingots. Nous fîmes au Prince de nouveaux préſens en nous éloignant de l'Habitation. Ces libéralités ne pouvant nous appauvrir, les petits miroirs & les couteaux ne furent point épargnés aux principaux Negres de ſa Cour, dont la faveur pouvoit nous devenir néceſſaire.

Quoique la ſaiſon ne fût point avancée pour l'Europe, nous reſſentions une chaleur, qui, ſur les bords d'une Riviere fort large & fort ſabloneuſe, nous faiſoit craindre que ce ne fût la principale difficulté de notre entrepriſe. La rade que nous fûmes obligés de prendre pour la sûreté de notre Vaisseau étoit si brulante, que l'ordre fut donné à quatre Matelots de tenir continuellement de l'eau sur les Ponts. Nous observâmes pendant quelques jours le lit du Fleuve & les différences de son cours avant que de fixer le principal lieu de notre travail, il nous parut que les Sauvages ne s'étoient déterminés dans ce choix qu'au hazard ; & peut-être n'en portâmes-nous ce jugement que sur le petit nombre de lingots qui se trouvoient dans leurs Parcs. Il est vrai que si nous y en avions trouvé fort peu l'année précédente, celle où nous étions paroissoit encore plus stérile. Mais nous fîmes une observation qui ne nous étoit point échappée dès la premiere fois. Les Sauvages manquant d'art pour composer leurs Claies, ne les faisoient point assez serrées pour retenir jusqu'aux moindres parties de l'or qui rouloient avec le sable ; ou plutôt n'estimant que ce qui pouvoit servir à leur usage, ils méprisoient le reste comme une chose inutile. De ces observations, nous tirâmes, & la méthode de faire de nouvelles Claies, & la maniere de les placer. Nos Ouvriers furent employés plus de huit jours à ces préparatifs.

Enfin, nous mîmes nos Instrumens en exercice. Les petits courans où l'eau sembloit se diviser après s'être brisée sous l'angle de quelque rive, furent les lieux auſquels nous nous attachâmes particulierement. Nous avions mille au moins de nos machines, distribuées dans l'espace d'une lieuë. Notre soin étoit exact à les faire visiter le matin & le soir, & chacun de nos gens avoit sa tâche, dont le sort avoit décidé. Mais après trois semaines d'une ardeur obstinée, à peine trouvâmes-nous dans nos Claies le poids d'une once d'or. Nous avions à bord un Fourneau, des Creusets, & tout ce qui étoit néceſſaire à nos opérations. Le chagrin d'un profit si lent nous fit employer toutes sortes de voies pour le hâter. Nous laiſſâmes en plusieurs endroits une grande quantité de sable. Ne gagnant rien par cette méthode, nous tendîmes dans le Fleuve des Voiles au lieu de Claies. Mais les Negres, qui ont presque tous de l'inclination au vol, nous les dérobérent dès la premiere nuit. Nous y mîmes des Gardes la nuit suivante. Cet essai nous apporta quelques particules de poudre d'or ; mais nous conçûmes que les plus grosses parties roulant au fond plutôt qu'elles n'étoient chariées par le courant, nos Voiles étoient de peu d'usage pour les arrêter. Nous joignîmes alors les Voiles aux Claies, & nous nous arrêtâmes à cette voie qui étoit en effet la plus sure.

Dans cet intervalle, nous n'avions pas négligé des recherches beaucoup plus certaines, & qui nous causérent moins d'embarras. C'étoit celle des lingots que les Sauvages avoient en réserve. Mais comme ils ne les amassoient que pour se faire des anneaux d'oreilles, & quelques autres parures à l'usage des femmes, nous n'en trouvâmes point d'aussi grands amas que nous l'avions esperé. Ils y attachoient d'ailleurs si peu de prix, qu'ils se bornoient à leur paire d'anneaux, sans se croire plus riches d'en avoir un grand nombre, & que le Prince même laissant le soin de la pêche des lingots à ses Sujets de l'Habitation maritime, prenoit peu d'intérêt à leur travail. Aussi étoit-elle fort négligée. Le trésor que nous avions découvert dans notre premier Voyage étoit comme le dépôt de tout ce qui s'étoit pêché depuis un tems immémorial. Il se trouvoit chez le Chef de l'Habitation, mais le profit qui lui en revenoit ne consistoit que dans quelques présens de bêtes tuées à la Chasse, que les jeunes Negres lui offroient pour obtenir dequoi se faire des Anneaux d'oreilles. Le Prince ayant toujours le droit de choisir la portion qui lui plaisoit dans toutes les Chasses, & participant de même à tous les autres biens de ses Sujets, n'avoit besoin d'entrer dans aucun détail pour sa subsistance & pour celle de sa suite.

Nous n'eûmes pas plus de difficulté à obtenir ce qui restoit de lingots au nouveau Chef de l'Habitation maritime que nous n'en avions eû l'année précédente. Un Baril d'Eau de vie & quelques autres présens nous en rendirent les Maîtres. Mais la totalité du dépôt n'alloit pas au double de ce que nous avions emporté la premiere fois. Si nous découvrîmes dans les cabanes particulieres de petits amas dispersés, que divers Sauvages avoient recueillis, tous ces ruisseaux ne répondirent pas mieux à l'opinion que nous avions eue de la source. D'ailleurs, les Negres ne nous les abandonnoient pas sans retour. Ils vouloient tous de l'Eau de vie, des Instrumens de fer & des Mouchoirs. Nos provisions & nos petites Marchandises commençoient à diminuer. Cette diminution fut encore plus précipitée lorsque nous fûmes réduits au Commerce des Anneaux. Nous ne nous étions pas trompés en le croyant le plus facile, mais quelque disposition que les Negres marquassent à nous les ceder, c'étoit toujours au prix de nos denrées. Cent paires d'Anneaux qui étoient la dépouille de cent Sauvages, & qui étant aussi minces que du Fil d'Archal, ne faisoient pas ordinairement, suivant nos évaluations, plus d'un marc d'or en sortant du creuset, nous coutoient notre Eau de vie & nos petites Marchandises, c'est-à-dire, ce qui commençoit à devenir pour nous plus rare & plus précieux que l'or même.

Quoique nos soins continuels se rapportassent à notre objet, je ne laissois pas de charger tous les jours mon Journal des remarques que la ſtupidité des Negres me permettoit de faire ſur leurs uſages & ſur leur gouvernement. Depuis la perte de notre Ecrivain, nous étions peu capables d'Obſervations Geographiques. Nous ſçavions par la hauteur du lieu que nous étions à l'extrêmité de la Nigritie. Le nom de cette côte, autant que nous l'avions pû démêler dans l'articulation des Sauvages, étoit *Paſamba*. L'Habitation de leur Prince ſe nommoit *Delaya*, & celle qui étoit ſur le bord de la Mer, *Paraga*. Ils avoient quelques autres Villes plus reculées dans les Montagnes, qui dépendoient moins immédiatement du même Maître, quoique dans les guerres qu'ils avoient quelquefois avec d'autres Barbares de leur voiſinage, elles vinſſent ſe ranger ſous ſes enſeignes, & qu'elles lui payaſſent un tribut de Peaux & de Grains. Toute la Nation ne ſurpaſſoit pas le nombre de ſix mille Hommes. Nous n'y remarquâmes aucune trace de culte Religieux, à la réſerve d'une ſorte d'Adoration qu'ils rendent par leurs cris au Soleil & à la Lune lorſqu'ils commencent à les voir paroître. L'obéïſſance qu'ils rendent à leur

Prince ne regarde que la Guerre & la Chasse. Ils ont pour tout le reste d'anciens usages qui leur tiennent lieu de Loi. Les parens punissent entr'eux les Crimes qui se commettent dans les familles; & lorsqu'ils négligent des désordres trop éclatans ou pernicieux au bien public, leurs voisins, c'est-à-dire, les Habitans des Cabanes voisines, se réünissent en assez grand nombre pour les y forcer. Leurs occupations sont partagées entre la Chasse, la culture de quelques terres qui produisent une espece de Millet, & le soin des Troupeaux. Le Païs, quoique peu éloigné de la Ligne, & sujet à des chaleurs presque continuelles, qui ne sont tempérées que par la fraîcheur des nuits, paroît capable de porter toutes sortes de grains & de fruits. Ceux que la Terre y rend sans travail sont d'une force extraordinaire, ce qui est cause sans doute que les Negres ne font pas leur principal objet de l'Agriculture. Les Troupeaux de Vaches & de Moutons n'y sont point en grand nombre, parce que le goût des Habitans pour les Animaux sauvages est comme proportionné à la gloire qu'ils tirent de la qualité de Chasseurs. Ce titre est le premier degré de distinction dans le Païs. Ils se servent de leurs fléches avec une adresse extrême, & leur intrépidité est surprenante dans les combats qu'ils livrent quelquefois de près aux Bêtes féroces. Le Fleuve, qu'ils nomment la petite Eau ou la petite Mer, leur sert à transporter une quantité prodigieuse de Venaison que leurs Chasseurs rapportent continuellement des Montagnes. J'ai compté dans le voisinage de Paraga plus de deux cent Barques ou Bateaux, dont la plus grande n'auroit pas contenu moins de six ou sept personnes ; & l'on m'assura qu'il y en avoit le double actuellement employé au service des Chasseurs.

Les Hommes sont communément d'une taille médiocre, & tels pour la figure, que les Negres de Guinée. S'il s'en trouve de plus hauts & de plus robustes, le droit du Prince est de les prendre pour sa Milice. Les femmes ont une sorte de beauté dans leur laideur. Elle consiste dans la bouche, qu'elles ont la plus agréable du monde. Leurs levres sont d'un rouge éclatant, & leurs dents de la plus parfaite blancheur.

cheur. Elles ont aussi la gorge fort bien faite. Mais leur nez, qui est extrêmement plat, leurs yeux, dont le fond est couleur de pourpre, & leur peau grasse & luisante, excitent peu le penchant que nous avons naturellement pour leur sexe. Les mariages se font du consentement des Familles, & se rompent de même lorsqu'ils sont mal assortis. Mais un Mari est obligé de prendre soin de sa femme aussi long-tems qu'il ne s'en est pas séparé par un divorce reconnu. On ne leur fait point un crime d'en avoir plusieurs lorsqu'ils peuvent les entretenir, quoique le consentement de la famille n'intervienne que pour la premiere. La continence passe si peu pour une vertu dans les deux sexes, qu'ils cherchent à se marier dès que la nature les avertit qu'ils peuvent l'être; & la pluralité des Amans ou des Maris n'est jamais une raison qui inspire du dégoût pour une femme. Tous les Gens de notre Equipage se trouvérent fort bien de ce préjugé, par la facilité qu'ils eurent à se lier avec les jeunes filles & les veuves. Il falloit plus de réserve avec les femmes mariées, parce que les infidélités dans le ma-

Tome I. I

riage peuvent être une raison de divorce.

Dans les grandes chaleurs, qui ne reçoivent guéres d'interruption qu'au mois de Février & au mois de Septembre, ils sont nuds, hommes & femmes, sans autre voile pour la pudeur qu'une ceinture de Peau. Ils se couvrent dans les autres tems des plus belles Peaux qu'ils rapportent de leurs Chasses ; mais avec quelque soin qu'ils les fassent sécher au Soleil, il y reste tant de saletés, & l'usage qu'ils ont de se frotter le corps de plusieurs sortes de graisses, les rend toujours si mal-propres, que la vûë n'en est pas moins blessée que l'odorat. Leurs amusemens les plus ordinaires sont des danses confuses, au son d'un Instrument qui s'enfle par le vent de la bouche, & qui étant pressé sous le bras, rend un bruit assez harmonieux par trois tuyaux de différente grosseur. Leurs mouvemens sont lascifs & toutes leurs postures fort libres ; ce qui me surprit d'autant plus, que dans le tems même de leur nudité, on ne leur voit jamais prendre en public aucune liberté indécente. Leur mémoire est si bornée, qu'ils ne connoiſſent rien au-deſſus du tems de leur vie, & qu'après quelques années d'intervalle, à peine ſe ſouviennent-ils des Perſonnes les plus cheres qu'ils ont perduës par la mort. Auſſi rien ne les touche que ce qui remuë actuellement leurs ſens, & l'exemple du paſſé n'a pas plus de force pour les perſuader & pour les faire agir que la crainte du futur.

Il ne faut pas s'imaginer néanmoins que ce caractere ſoit ſi généralement celui de la Nation, qu'il ne s'y trouve quelques Particuliers que j'en excepte. Entre les jeunes filles auſquelles nos Gens s'efforcérent de plaire, il y en eut une, dont le nom étoit *Jenli*, qui, ſi l'on met à part la noirceur, avoit le viſage & la taille de nos plus belles filles de l'Europe. Il paroîtra fort étrange que ce qui nous la faiſoit trouver charmante la rendit monſtrueuſe aux yeux des Sauvages, & que par cette raiſon perſonne preſqu'alors n'avoit voulu l'épouſer. Elle n'en fut que plus ſenſible aux careſſes de nos Gens ; & ſe trouvant preſſée par la recherche d'un grand nombre, elle craignit fort ſagement les effets de leur jalouſie. Son

I ij

goût s'étoit déclaré pour un jeune homme fort bien fait, qui, depuis la mort de notre Ecrivain exerçoit le même Emploi sur le Vaisseau. Quoique ce degré lui donnât quelque supériorité sur le reste de l'Equipage, les autres ne s'étoient pas crus obligés de lui céder dans une concurrence d'Amour. Cependant Jenli s'obstinoit à les rejetter, & le ressentiment qu'ils en avoient leur avoit déja fait prendre des manieres fort brusques avec l'Ecrivain. Il se nommoit *Linter*. Je fus surpris que m'abordant un jour les larmes aux yeux, & me faisant des plaintes de quelques insultes qu'il avoit reçûës d'un Brutal, il me confessa que Jenli lui avoit touché le cœur, & qu'il l'aimoit assez pour en faire sa femme. Il m'assura que l'ayant observée de près, il avoit remarqué qu'elle n'avoit aucun commerce d'amour avec les Sauvages, & que s'y connoissant assez, il l'avoit trouvée Vierge. Il lui avoit appris déja quelques mots de notre Langue. Sa conduite, le langage qu'elle lui tenoit par ses signes & par d'autres expressions ; enfin, l'indifférence qu'elle marquoit pour ceux qui s'empressoient autour d'elle, lui perſuadoient qu'elle avoit du penchant pour lui. Il me conjuroit d'empêcher qu'on ne la chagrinât par d'indignes violences. Il ſçavoit que c'étoit le deſſein de pluſieurs de nos Gens; mais il étoit réſolu de la défendre au péril de ſa vie.

Quoique je me ſentiſſe le cœur touché de ſon amour & de ſes larmes, j'avois conçu qu'il ne parloit d'en faire ſa femme que pour m'engager à la faire reſpecter des autres, & je ne lui fis là-deſſus qu'une réponſe badine. Mais en confeſſant qu'il n'auroit pas penſé au mariage s'il avoit eſpéré de pouvoir la poſſéder librement, il me jura qu'il l'épouſeroit ſur le champ ſi je le permettois; que la couleur n'y faiſoit rien; qu'à meſure qu'elle apprendroit notre langue on s'appercevroit comme lui qu'elle ne manquoit d'aucune qualité naturelle, & que le Commerce de l'Angleterre lui feroit acquerir toutes les autres : en un mot, qu'il aimoit mieux l'épouſer que de courir le riſque de la perdre, & qu'il prévoyoit d'ailleurs qu'à notre départ nous ne la ſouffririons point ſur le Vaiſſeau avec une autre qualité que celle de ſa femme. Je compris que dans l'ardeur d'une passion si vive, mes raisonnemens auroient peu de force pour le guérir, & je lui promis d'en parler au Capitaine.

Quelque autorité que l'amitié de M. Rindekly & le droit d'association me donnassent sur l'Equipage, je n'en usois jamais qu'avec quelque dépendance ; autant pour donner l'exemple de l'obéissance à tous nos Gens, que pour marquer constamment à mon Gendre la reconnoissance que je lui devois. Il ne se faisoit jamais demander deux fois ce qu'il jugeoit capable de me faire plaisir ; mais quoique je lui témoignasse du penchant à favoriser la passion du jeune Ecrivain, il rejetta cette proposition avec beaucoup de fermeté. Ses objections furent si fortes que je n'y pûs rien opposer. Outre l'indécence d'un tel mariage. » Vous ne faites pas at-
» tention, me dit-il, que nous n'avons
» point un Homme dans l'Equipage à
» qui le seul goût de la débauche ne
» puisse faire naître la même envie,
» dans la supposition que des alliances
» de cette nature n'auront pas beaucoup
» de force en Angleterre. Toutes les

conséquences qu'il m'en fit craindre me parurent si justes & si fâcheuses, que je perdis le desir de rendre service à l'Ecrivain. Mais pour éviter du moins les querelles dont nous étions menacés à l'occasion de Jenli, j'engageai M. Rindekly à défendre sous les plus rigoureuses peines qu'on fît la moindre violence aux femmes sauvages. Il établit la peine de mort pour ceux qui employeroient les armes dans la recherche d'une femme, soit contre les Negres, soit contre nos propres Gens; & les autres punitions demeurerent à régler suivant la grandeur du crime. Linter se trouvant paisible possesseur de sa chere Jenli, perdit son amour par degrés. Cependant il lui apprit en fort peu de tems à s'expliquer en Anglois. Comme j'avois pris quelque intérêt à leur liaison, j'observai qu'il n'avoit pas mal jugé des qualités naturelles de cette femme, & que le hazard sembloit l'avoir déplacée en la faisant naître dans la Nigritie. Mais ce que j'admirai beaucoup plus, c'est que Linter eût commencé à s'en dégoûter, lorsqu'étant capable de se faire entendre, elle devoit lui paroître beaucoup plus digne de son affection. Je pensai dès ce moment à lui faire recueillir un autre fruit de la peine qu'elle avoit apportée à l'étude de notre Langue, en la faisant passer à Londres pour mener une vie douce auprès de ma femme.

Notre travail ne languissoit pas, & quoiqu'il fût beaucoup plus stérile que nous ne nous y étions attendu, il n'étoit pas tout-à-fait sans fruit. Mais tant de liberalités que nous avions répanduës dans la Nation, & le subside continuel que nous fournissions au Prince, épuisérent enfin toutes nos provisions. A peine nous restoit-il de l'eau-de-vie pour les nécessités du Vaisseau. Notre embarras n'avoit jamais été pour nos alimens, puisque nous trouvions l'abondance parmi les Négres, & qu'ayant assez d'industrie pour tirer du sel de la Mer, nous avions suppléé aux diminutions de notre chair salée. Mais l'avidité du Prince augmentant tous les jours pour l'eau-de-vie, nous nous vîmes dans la nécessité de lui faire connoître qu'elle nous manquoit, & de le renvoyer à celle que nous promettions de lui apporter dans un autre Voyage. Malheureusement il étoit yvre lorsqu'il reçut cette réponse. Il s'emporta non-seulement en plaintes, mais même en ménaces, & notre Interpréte effrayé de ses discours nous communiqua la même frayeur par son récit. Nous tînmes aussi-tôt conseil. J'étois d'avis de partir, sans nous exposer aux suites de cet emportement, & d'éviter sur-tout la nécessité d'en venir à des violences, qui ne pouvoient servir qu'à nous fermer la voie du retour. Il nous étoit facile d'aller renouveller nos provisions, soit aux Canaries, soit au Cap de Bonne Espérance. Je pressai le Capitaine de suivre mon conseil, jusqu'à vouloir qu'il abandonnât nos claies & quelques centaines d'anneaux qui étoient à Delaya dans nos Cabanes. Mais il se reposoit trop sur l'impression qu'il croyoit avoir donnée de nos forces. En consentant à partir, il résolut de ne rien laisser derriere nous.

Nous n'avions employé que les voiles superfluës du Vaisseau ; & cette perte méritoit effectivement peu de regret. Ce fut néanmoins le prétexte que M. Rindekly fit valoir pour s'ob-

I v

stiner dans son opinion. Le Prince qui n'étoit pas revenu de son ressentiment, ne nous vit pas faire les préparatifs de notre départ sans se livrer à de nouvelles fureurs. Il ne considera point si c'étoit l'impuissance qui avoit causé notre refus ; il jugea du chagrin qu'il nous causeroit en nous enlevant tout ce que nous avions tiré de son Païs, par l'ardeur que nous avions eûë à l'amasser ; & dès les premiers mouvemens qu'il nous vit faire pour retirer nos voiles, il prit des mesures pour sa vangeance. Les conjonctures lui étoient d'autant plus favorables, que peu de jours auparavant il lui étoit revenu des Montagnes cent vingt ou trente de ses plus braves Chasseurs. Il les joignit à sa Milice, qui étoit d'environ cent hommes ; & l'ordre qu'il leur donna d'abord, fut d'arrêter tous les gens de notre Equipage qui se trouveroient dispersés. L'habitude que nous avions prise de vivre familierement avec les Négres ayant beaucoup diminué nos précautions, il y eut dès le premier jour dix-huit de nos gens arrêtés. Nous ne nous apperçûmes de leur absence que le soir, à l'appel qui se faisoit régulierement dans le Vaisseau ; & nos soupçons ne tombant point encore sur la véritable cause du péril, nous nous figurâmes qu'à la veille de notre départ, ils avoient voulu donner quelque chose de plus à leurs plaisirs. Cette erreur nous entraîna dans une autre. Le lendemain, dès la pointe du jour, nous envoyâmes de divers côtés dix hommes pour les rappeller, dans la crainte de causer trop d'effroi par le signal du canon. Ces dix hommes eurent le même sort que leurs compagnons; & le Prince jugeant bien que la trahison ne lui réussiroit pas plus long-tems, fit assembler ses Troupes entre l'Embouchure de la Riviere & le Vaisseau. Ce fut de quelques Négres mêmes, que nous apprîmes notre disgrace. Elle nous fit frémir, car nous ne pûmes envisager sans horreur tout ce que nous avions à craindre de la fureur & de la perfidie d'une Nation barbare. Cependant un peu de réflexion nous fit penser que le Prince Négre étoit sans prudence. Ses Troupes étant au-dessous de nous, rien n'auroit pû nous empêcher de mettre douze ou quinze hommes résolus dans la Chaloupe, qui auroient remonté la Riviere jufqu'à Delaya, ou de remonter avec le Vaiffeau même, & non-feulement de réduire fa Capitale en cendres, mais de nous faifir affez facilement de lui, de fes femmes & de toute fa Cour. C'étoit le fentiment de M. Rindekly dans fon prémier tranfport. La terreur de nos armes lui faifoit croire le fuccès certain. Mais il nous reftoit un jufte fujet de crainte pour nos Compagnons, qui auroient été le prémier objet de la vangeance des Sauvages.

L'Interpréte, que le befoin où nous étions de fon fecours nous fit appeller à notre délibération, s'offrit volontairement à tenter l'efprit du Prince par des voies plus douces. Nous prîmes confiance à fes offres. Il fe chargea de lui repréfenter l'affection que nous lui avions marquée par notre conduite & par nos préfens, la furprife & la douleur que nous reffentions de fes violences, & le defir que nous avions de ne pas nous voir forcés d'employer contre lui les armes terribles qu'il nous connoiffoit. Le refus que nous avions fait de lui fournir de l'eau-de-vie & du tabac, n'étant venu que de l'épuisement de nos provisions, nous lui laissions la liberté de visiter lui-même ou de faire visiter notre Vaisseau par un de ses gens, pour s'assurer que nos excuses étoient de bonne foi. Notre dessein à la vérité étoit de partir ; mais nous lui promettions de revenir incessamment, avec une plus grande abondance d'eau-de-vie, de toutes sortes de Marchandises. Cette courte harangue fut répetée vingt fois à l'Interprete, pour nous assurer de sa mémoire.

Il se rendit à Delaya. Le Prince, qui connoissoit son attachement pour nous, le reçut avec plus de douceur que nous n'avions osé l'esperer. Il écouta nos propositions ; & prenant aussi-tôt son parti, comme s'il l'eut médité d'avance, il lui déclara qu'ayant violé la promesse par laquelle nous nous étions engagés à lui fournir de l'eau-de-vie, nous avions mauvaise grace de nous plaindre qu'il violât les siennes ; que si les provisions nous avoient manqué, nous n'étions pas moins coupables de l'avoir trompé, en promettant ce que nous ne pouvions exécuter ; que nos armes l'effrayoient d'autant moins, qu'il sauroit se vanger sur nos Compagnons si nous entreprenions de lui nuire ; qu'il consentiroit néanmoins que nous quittassions son Païs pour aller faire de nouvelles provisions dans le nôtre ; mais à deux conditions. L'une, que les gens qu'il avoit fait arrêter demeurassent pour caution de notre retour ; & l'autre, que pendant notre absence nous laissassions à leur garde les lingots & les anneaux que nous avions tirés de ses Sujets.

Cette réponse, qui nous parut fidelle dans la bouche de l'Interpréte, calma du moins une partie de nos inquiétudes. C'étoit beaucoup que des violences commencées si brusquement, se changeassent tout d'un coup en négociation. Nous n'avions pas voulu risquer d'aller nous-mêmes, ni d'envoyer le moindre de nos gens à Delaya, pour ne pas exposer notre liberté; mais il nous sembla qu'avec le tour que prenoient nos différends, nous pouvions entreprendre de les terminer sans médiation ; & M. Rindekly résolut de voir lui-même le Prince pour s'expliquer avec lui. J'exigeai néanmoins de son amitié qu'il lui feroit demander une conférence hors de l'Habitation. Elle fut accordée. Le Prince ne balança point à se rendre avec une douzaine de ses gens dans un petit bois qui fut marqué pour le lieu du rendez-vous. M. Rindekly affecta de ne se faire accompagner que de six des nôtres, pour rendre quelque déférence à l'autorité Souveraine ; mais il étoit plus sûr de cette escorte, que le Prince ne devoit l'être de la sienne.

De quelque maniere qu'on veuille juger de son action, je ne prétens la justifier que par l'excès de sa vivacité, ou peut-être par le fond de ressentiment qu'il conservoit avec raison, contre un homme qui avoit commencé une injuste querelle. Non-seulement il n'avoit point emporté la résolution qu'il exécuta, mais dans la suite il m'a cent fois protesté, qu'après en avoir recueilli le fruit, il en avoit senti quelques remords ; & sans porter la Religion plus loin qu'un homme de Mer, il a toujours attribué nos disgraces suivantes à cette malheureuse avanture. La conférence, après avoir commencé paisiblement, se termina par des injures si picquantes, que le Prince barbare ayant porté la main sur un sabre qu'il tenoit de nous, pour maltraiter l'Interpréte que M. Rindekly forçoit de parler, nos six Soldats n'attendirent point l'ordre exprès de leur Chef. Ils étoient armés de leur fusils & de pistolets. Chacun d'eux tira son coup, dont ils tuérent, à bout portant, six Sauvages de l'escorte du Prince. M. Rindekly leur défendit absolument d'insulter le Prince. Dans la vûe qui lui avoit fait tolerer cette violence, il étoit important que ce fier Négre ne fût point maltraité. Son effroi & celui des six hommes qui lui restoient, pouvoit suffire pour l'humilier. Il se jetta contre terre, aussi consterné du bruit, que du prompt effet de nos armes. M. Rindekly ne lui laissa point le tems de revenir de cette épouvante. Il lui fit dire par l'Interpréte que si tous nos Compagnons ne nous étoient pas rendus sur le champ, il devoit s'attendre au même sort, lui & toute sa Nation; & le forçant de se relever pour le suivre, il le conduisit jusqu'à la Chaloupe, dont il n'étoit éloigné que d'environ deux cens pas.

L'ordre de nous renvoyer nos gens fut porté à Delaya par un des six Négres. M. Rindekly eut la constance d'attendre leur arrivée sur le bord de la Riviere, assez sûr de pouvoir gagner le Vaisseau dans sa Chaloupe, s'il s'appercevoit qu'au lieu d'exécuter la volonté du Prince, ses Sujets pensassent à le vanger. Mais en donnant trop à sa vivacité, il n'avoit presque rien donné au hazard. Il connoissoit le caractere des Négres. Le récit que le Député du Prince ne manqua point de faire à Delaya, nous fit renvoyer avant la nuit vingt-huit de nos gens, qui y avoient été gardés fort étroitement depuis quatre jours. Ils se mirent dans des Barques, pour gagner le Vaisseau par le Fleuve. Et quoiqu'on eût porté parole à l'Habitation que le Prince seroit rendu avec la même fidelité, une multitude de Négres, descendant au long du Fleuve, vint le redemander, en poussant des cris de douleur & d'effroi.

M. Rindekly ayant eu le tems de considerer de sang froid l'excès auquel il s'étoit emporté, ne jugea point à propos de le renvoyer libre sans avoir pris d'autres précautions pour notre retraite. Il laissa la permission de se retirer à trois des cinq Négres qui lui restoient, après s'être engagé à eux & à lui qu'il ne lui arriveroit aucun mal. L'ayant fait passer ensuite dans la Chaloupe avec les deux autres, il nous les amena comme en triomphe, accompagné de nos vingt-huit hommes qui le suivoient dans leurs Barques.

Il s'étoit passé dans cette expédition toute la longueur d'un des plus grands jours de l'Eté. L'inquiétude commençoit à me tourmenter mortellement, lorsque je vis descendre cette petite Armée au long du Fleuve. M. RindeRly, en m'apprenant son avanture, ne s'expliqua point si nettement, que je ne m'apperçusse bien qu'il avoit quelque chose à se reprocher. Il étoit naturellement honnête homme, & sensible aux mouvemens de l'humanité. Mais la raison de notre sûreté, par laquelle il s'étoit crû justifié, m'empêcha aussi de le presser trop sur le droit qu'il s'étoit attribué de faire donner la mort à six Sauvages. Il y avoit peu d'apparence d'ailleurs que tout autre parti nous eût réussi de même : car sans parler de notre or, qui ne méritoit pas sans doute d'être mis en balance avec la vie de six hommes, peut-être n'aurions-nous point obtenu par d'autres voies la liberté de nos Compagnons.

Loin de maltraiter le Prince, nous nous efforçâmes de lui faire sentir par notre conduite le tort qu'il s'étoit fait en renonçant à notre amitié. On lui fit voir de ses propres yeux, que la seule impuissance nous avoit forcés d'interrompre nos subsides. Il feignit de se rendre à toutes nos raisons; mais l'Interprête nous avoüa que dans ses réponses, il laissoit échaper plusieurs mots qui marquoient la violence de son ressentiment. Nous ne lui promîmes pas moins que s'il vouloit s'engager à nous bien recevoir, nous reparoîtrions bien-tôt dans son Païs avec des provisions plus abondantes. Il ne se fit pas presser pour y consentir. Enfin, comme la manœuvre étoit prête & que le vent paroissoit favorable, nous lui dîmes qu'étant prêts à partir, & sûrs d'ailleurs de la force invincible de nos armes, nous comptions pour rien les Troupes qu'il avoit à l'Embouchure de la Riviere, dans l'espérance ridicule de nous incommoder apparemment au passage ; mais que s'il vouloit nous donner une preuve de réconciliation, il devoit leur envoyer l'ordre de se retirer. Cette résolution parut lui couter quelque chose, comme s'il eut appréhendé que la retraite de ses Troupes ne nous donnât plus de hardiesse à le maltraiter, ou plus de facilité à tourner notre vangeance sur ses Sujets. Cependant la vûe de nos canons & de nos fusils, sur lesquels nous prenions soin de lui faire jetter les yeux par intervalles, eut le pouvoir de le déterminer. Il fit partir un de ses gens dans une Barque, qui exécuta sans doute l'ordre que nous lui avions demandé, car nous ne vîmes aucun corps de Troupes en descendant la Riviere. M. Rindekly voulut qu'en le renvoyant libre, au moment que nous mîmes à la voile, on donnât de nouveaux sujets de se loüer de notre générosité. Quoiqu'il restât autour du Vaisseau plusieurs Barques, sur lesquelles nos Prisonniers étoient revenus de Delaya, il me proposa de le conduire au rivage dans la Chaloupe, & nous y mîmes tout ce qui nous restoit d'ustenciles & de petites marchandises à l'usage des Négres. Cette occasion fut une faveur du Ciel pour Jenli, qui se trouva sur le bord de la Riviere avec un grand nombre d'autres Sauvages. Elle y étoit pour dire le dernier adieu, par ses regards, à l'Ecrivain, que l'inconstance, ou la jalousie, faisoit partir avec beaucoup d'indifférence. Un mouvement de pitié pour une femme, qui valoit mieux que ses pareilles, & qui entendoit assez notre Langue pour nous être utile, me fit renaître la pensée de lui offrir une situation plus douce avec nous. Elle l'accepta, & le Prince appaisé par nos caresses & par les présens que je fis débarquer avec lui, ne s'opposa point à son départ.

Nous sortîmes du Fleuve à pleines voiles. M. Rindekly vouloit saluer les Négres d'une décharge de toute notre artillerie, & leur laisser pour adieu une nouvelle impression de terreur. Je m'opposai à ce dessein, qui étoit capable de détruire la mémoire de nos bienfaits. Nous devions, après tout, plus d'affection que de haine aux Sauvages. Si les richesses que nous emportions n'avoient pas répondu à notre attente, elles étoient si supérieures à nos frais, que nous ne pouvions regréter les peines de notre entreprise. Suivant nos calculs, le fruit de notre Voyage montoit à plus d'un million de livres, tant en anneaux, qu'en poudre & en lingots. Je me trouvai si riche du quart de cette somme, qui devoit me revenir dans nos partages, que je ne souhaitai que de le mettre à couvert en retournant droit à Londres. M. Rindekly ne se rendit pas volontiers à cette proposition. Il panchoit, sinon à retourner bien-tôt sur la même Côte, du moins à faire valoir nos trésors dans d'autres parties du commerce, en attendant que la prudence nous permît de tenter une nouvelle entreprise chez les Négres. Mes instances néanmoins l'auroient fait consentir à notre retour, si d'autres évenemens ne nous avoient forcés de prendre un parti fort différent.

En sortant de la Riviere de Pasamba, nous trouvâmes deux Vaisseaux Espagnols, montés comme le nôtre, moitié en guerre, moitié pour le commerce, qui revenoient des Philippines par cette route avec une riche cargaison. Cette rencontre nous alloit déterminer à suivre comme eux la route de l'Europe, du moins jusqu'aux Canaries, où nous aurions mieux aimé renouveller nos provisions que dans tout autre lieu. Mais à l'occasion d'une dispute de Matelots, il s'éleva une querelle si vive entre les deux Capitaines & le nôtre, qu'abusant de la supériorité du nombre pour nous traiter d'héretiques & de misérables, ils nous mirent dans le cas de ne pouvoir nous faire raison que par les armes. M. Rindekly comptant trop sur le courage de nos gens, repassa dans notre Bord, d'où la seule politesse l'avoit fait sortir, pour crier aux armes d'un ton furieux. Il ne voulut écouter ni mes conseils, ni mes prieres. Je vis en un moment l'image d'une guerre sanglante au milieu de la paix.

Les deux Espagnols marquerent moins d'emportement dans les suites de cette action. Ils gagnérent le dessus du vent, & se reposant sur cet avantage, ils sembloient attendre que les prémieres hostilités vinssent de nous. Je pris droit de leur modération pour renouveller mes efforts fur l'efprit de M. Rindekly. Enfin, j'arrêtai l'ordre qu'il alloit donner de lâcher fa bordée ; mais je ne pus l'empêcher d'écrire fur le champ aux deux Capitaines, que s'il ne vouloit point donner naiffance à la guerre entre deux Nations, qui faifoient encore profeffion de paix, il étoit réfolu de foutenir fa querelle particuliere, & qu'avec un de fes gens, il les défioit tous deux dans un combat de Chaloupe à Chaloupe. Il leur laiffoit le choix des armes & du nombre des Rameurs. A ce défi, qui étoit accompagné de quelques injures, les Efpagnols répondirent qu'ils n'étoient point les maîtres de leurs perfonnes lorfqu'ils commandoient les Vaiffeaux d'autrui, mais que s'ils étoient attaqués fur leur Bord, ils promettroient de fe bien défendre. Cette réponfe fut regardée de M. Rindekly, comme une nouvelle infulte. Je n'aurois pas eu le pouvoir de l'arrêter, fi je ne l'euffe fait enfin fouvenir qu'il alloit ruiner fa femme & toute ma famille. J'avois eu befoin moi-même d'un motif fi puiffant pour modérer mon indignation au récit de fa querelle, Ce-

Cependant les deux Espagnols profitérent du vent, & tirérent à nos yeux vers les Canaries. Nous les suivîmes. Douze jours que nous employâmes dans cette route n'ayant pas suffi pour calmer la bile de M. Rindekly, il voulut absolument relâcher dans une des Isles, se faire conduire dans la Chaloupe à celle de Canaries, & tirer raison des deux Capitaines par un combat reglé. Je lui représentai en-vain que dans les sujets de mécontentement qui croissoient tous les jours entre l'Angleterre & l'Espagne la prudence ne nous permettoit pas de nous exposer à trop de hazards ; qu'il étoit déja fort heureux pour nous que les deux Capitaines eussent ignoré la querelle des deux Nations, & n'en eussent pas pris droit d'agir avec plus de rigueur ; enfin que nous avions des biens & une réputation de sagesse à conserver. Il croyoit satisfaire à toutes mes objections, en me répondant qu'il vouloit s'exposer seul avec un de ses gens, & que l'honneur lui étant plus cher que la fortune & la vie, il n'étoit pas capable de s'éloigner sans avoir tiré vangeance d'un affront qui le déshonoroit. Nous relâchâmes dans l'Isle de Ferro, d'où il fit partir le plus adroit de nos gens dans une Barque du Païs, pour aller prendre des informations sur l'arrivée des deux Capitaines au Port de Canaries. Il les reçut avant la fin du jour ; mais elles étoient capables de le refroidir. Ses ennemis n'avoient pas manqué en arrivant de faire le récit de leur avanture. Ils s'en étoient plaints comme d'une iniure que la seule considération de la paix leur avoit fait supporter ; & mettant enfin tout le tort de notre côté, ils avoient échauffé d'autres Capitaines Espagnols, déja irrités contre les Anglois, jusqu'à leur faire prendre la résolution de sortir du Port pour nous chercher.

Notre situation devenoit fort dangereuse, car il ne falloit pas esperer de demeurer long-tems cachés à Ferro. Il n'y avoit pas plus d'apparence de pouvoir nous remettre en Mer au risque de tomber entre les mains des Espagnols. Quatre jours s'étant passés dans cet embarras, nous renvoyâmes, le cinquiéme jour, un de nos gens au Port de Canaries. Il savoit parfaitement la Langue Espagnole, & s'étant mêlé, comme la prémiere fois, parmi quelques Habitans de Ferro, il devoit seulement s'informer si la prémiere chaleur de nos ennemis les avoit fait sortir du Port. Il trouva les deux Capitaines dans la situation où il les avoit laissés, mais prêts à remettre à la voile pour l'Europe, avec un autre Vaisseau marchand de leur Nation, qui faisoit la même route. Nous respirâmes à cette nouvelle, & notre espérance fut qu'en les laissant partir avant nous, la Mer nous redeviendroit libre. Trois jours se passèrent encore, sans aucun trouble de la part des Habitans de Ferro, qui se souvenoient d'avoir vû M. Rindekly & moi deux ans auparavant, & qui avoient été satisfaits de notre conduite. Enfin nous nous flattions d'être à la fin du péril, lorsqu'on nous avertit qu'il entroit trois Vaisseaux dans la Rade de Ferro. La plus grande partie de notre Equipage étoit à terre. Toute notre diligence ne put nous faire regagner assez-tôt notre Bord, pour nous mettre en état de nous défendre, & la défense d'ailleurs n'auroit fait qu'assurer notre ruine.

Il ne nous auroit pas été plus avantageux de disputer notre liberté dans Ferro même, où nous étions sans armes & sans secours. D'ailleurs, ne pouvant nous persuader qu'une querelle particuliere, qui n'avoit ét suivie d'aucune hostilité, nous exposât aux plus furieux effets de la guerre, nous prîmes le parti d'attendre que les Espagnols nous expliquassent leurs intentions.

De notre Vaisseau, dont ils s'étoient saisis sans résistance, ils firent avertir le Capitaine de s'y rendre immédiatement. Je l'accompagnai. Nos ennemis, car c'étoient eux-mêmes, & leur dessein n'étoit que de nous chagriner par des humiliations, reçurent M. Rindekly d'un air arrogant. Ils lui demandérent compte de sa Commission, de son Voyage & de ses Marchandises, en feignant de douter si nous n'avions pas fait la contrebande dans les Colonies Espagnoles. Je reconnus que M. Rindekly étoit capable de déguiser son ressentiment. Il répondit de bonne foi à toutes ces questions. Les prétextes leur manquant pour nous chercher querelle, ils continuérent seulement de nous humilier en faisant la visite du

Vaisseau. Notre crainte étoit qu'ils ne découvrissent notre or, & que la vûe d'une si belle proie ne les rendît plus injustes qu'ils n'affectoient de vouloir l'être. Mais en observant ma Cabane, ils apperçûrent mon Journal qui étoit ouvert sur une table, parce que j'y ajoutois tous les jours quelques circonstances. Ils le parcoururent, & leurs yeux tombérent sur la description de Carthagéne, qui se présentoit dès les premieres pages. Cette découverte les occupa long-tems. Enfin bornant leurs réflexions, ils déclarérent à M. Rindekly, que des observations si particulieres, sur un lieu de cette importance n'avoient point été faites sans quelques vûes; que dans un tems où les Espagnols avoient de ce côté-là tant de plaintes à faire des Anglois, ils se croyoient obligés d'en informer le Roi leur Maître; qu'ils ne prétendoient pas décider si nous devions être regardés comme les ennemis de l'Espagne, mais que se rendant droit à Cadix, ils ne nous feroient pas beaucoup de tort en nous y conduisant avec eux, & que nous y aurions la liberté de justifier nos intentions.

Nous sentîmes amérement la nécessité de céder à la force. Cependant les circonstances mêmes nous faisant connoître qu'on n'avoit pas d'autre vûe que de nous chagriner, M. Rindekly prit un air ouvert pour assurer que nous relâcherions volontiers à Cadix. L'unique loi qui exerça beaucoup sa patience, fut celle qu'ils lui imposèrent de passer dans un de leurs Vaisseaux pour y servir d'otage. Ils distribuérent aussi une partie de nos gens sur leurs trois Bords, & mirent à leur place assez de monde pour se rendre maîtres du nôtre. J'obtins la liberté d'y demeurer. Le vent nous étant favorable, ils nous pressérent de les suivre, avec toutes les précautions qui pouvoient les assurer de nous. Il me parut fort surprenant que dans toutes ces exécutions il ne leur échapât rien, ni à M. Rindekly, qui eut le moindre rapport à notre querelle.

Notre sortie de Ferro eut pour eux l'air d'un triomphe, & pour nous celui de l'esclavage le plus humiliant. Mais notre disgrace ne dura que six jours. En approchant de l'Europe, nous découvrîmes cinq grands Vaisseaux que nous reconnûmes bien-tôt pour des Anglois. Ils voguoient à pleines voiles & Pavillon déployé, tandis que nous avions beaucoup de peine à nous servir du vent, qui avoit changé pendant la nuit. Quoique je m'attendisse bien que cette petite Flotte ne passeroit pas sans reconnoître la nôtre, & que je me crusse déja presque certain de notre délivrance, il me vint à l'esprit de charger secretement un de nos Matelots d'arborer tout d'un coup notre Pavillon. Cette idée me réussit avec tant de bonheur, que les cinq Anglois profitant de l'avantage du vent, s'approchérent de nous à la portée du canon, avant que les Espagnols eussent commencé à se reconnoître. Ils devinérent une partie de la vérité par les apparences ; & le signe par lequel ils firent connoître aussi-tôt leurs intentions, força nos ennemis de plier leurs voiles pour les attendre.

Ils étoient en état de se faire respecter. C'étoit cinq Vaisseaux de guerre, qui transportoient quelques Troupes à la Jamaïque, pour appaiser la révolte des Negres de cette Isle qui s'étoient soulevés contre les Anglois.

Tandis que les Capitaines Espagnols cherchoient les moyens de leur faire approuver leur conduite, & que l'un d'eux les alloit joindre dans la Chaloupe, je me mis dans la nôtre, avec un air d'autorité auquel personne n'eut la hardiesse de s'opposer. Je fis tant de diligence, qu'ayant prévenu l'Espagnol, j'eus le tems d'informer le Chevalier Shelton, qui commandoit l'Escadre Angloise, du prétexte qu'on avoit pris pour nous arrêter. Il étoit prudent. Nos affaires ne nous permettoient point de nous brouiller ouvertement avec l'Espagne. Après m'avoir fait expliquer dans les termes les plus précis le fond & les circonstances du démêlé, il prit un parti que nos ressentimens mêmes ne nous empêchérent point d'approuver. Il reçut honnêtement le Capitaine Espagnol. Loin de lui faire un crime de l'excès de ses précautions pour la sûreté de Carthagéne, il loüa ses craintes; mais les tournant ensuite en badinage, il lui conseilla de me rendre mon Journal, qui n'étoit que l'amusement d'un Voyageur, & de prendre confiance à la parole que j'allois lui donner de n'en jamais faire un ufage pernicieux pour l'Efpagne. Ce confeil eut toute la force d'une menace férieufe. L'Efpagnol embarraffé s'excufa fur la fidélité & le zéle qu'il devoit à fa Patrie. Il me prit à témoin qu'il n'avoit fait aucune infulte à notre Vaiffeau, & fe retira fur le champ pour rendre la liberté à M. Rindekly & à tous nos gens.

Je ne cachai point à M. Shelton que malgré ces apparences de réconciliation, j'appréhendois tout encore du caractere des Efpagnols. Il ne me confeilla pas lui-même de m'expofer à leur reffentiment dans la même route. Cependant, comme il n'y avoit point de tempéramment entre la néceffité de les fuivre & le parti d'accompagner l'Efcadre Angloife, je réfolus d'attendre M. Rindekly pour nous déterminer. Il fe réjouiffoit déja de l'occafion qui fe préfentoit de faire le Voyage de l'Amérique en fûreté. Son inclination avoit toujours été de ne pas retourner à Londres fans une riche carguaifon, & de faire valoir auparavant une partie de nos richeffes dans les Colonies; de forte qu'il fe déclara tout d'un coup pour le parti de fuivre M. Shelton.

X v

Ainsi nos incertitudes, & nos dangers mêmes, servirent à nous procurer toute la sûreté que nous pouvions espérer pour ce Voyage. Le vent ne nous servit pas moins heureusement. M. Shelton, qui avoit plusieurs fois fait la même route, devoit toucher aux Isles du Cap Verd, où il avoit quelques affaires d'interêt à démêler. Quoiqu'il ne se proposât point d'y employer la force, il nous dit agréablement, qu'on se faisoit rendre une justice plus prompte à la tête d'une Escadre.

Il s'y arrêta peu. Ayant repris directement notre route vers l'Amérique, un vent du Sud nous jetta fort loin vers le Nord. Il dura plusieurs jours avec la même violence. Nous eûmes la vûe de Sainte Marie, une des Açores, & le 24. de Septembre, nous nous trouvâmes fort près d'une Isle déserte dont nous n'avions pas le nom dans nos Cartes. L'accès nous en parut si facile, qu'ayant été un peu maltraités par le vent, nous prîmes le parti d'y mouiller l'ancre. Les gens de M. Shelton la nommérent Shelton Iland. Elle est au 38ᵉ degré 15 minutes de latitude, & son circuit nous parut d'environ cinq ou six lieuës. Nous y trouvâmes quantité de bois, des fraises, des groseilles, & beaucoup d'églantiers. Nos gens y virent des grues, des herons, & plusieurs autres oiseaux qui nichent sur les rochers. Ils y rencontrérent aussi quelques poules qu'ils prirent facilement. Le rivage étoit couvert de coquillage; de moules, de la couleur des nacres de perles; mais en ayant ouvert quelques-unes, nous n'y trouvâmes qu'un petit poisson assez sec & dont le goût ne nous parut point agréable. Il sort du milieu de l'Isle plusieurs sources si abondantes, qu'elles forment tout d'un coup une Riviere. Nos gens s'occupérent pendant deux jours à la pêche & à la chasse. Mais quelques-uns se trouvérent fort mal d'avoir mangé trop de fruits & de légumes sauvages, sur-tout des patates ou des pommes de terre, qui causérent la dissenterie à ceux qui en avoient pris avec excès. Nous remîmes à la voile le 16, & n'ayant rien souffert de la Mer pendant le reste de notre navigation, nous arrivâmes à Port-royal le 18. d'Octobre.

Le bruit de notre arrivée, avec six

cens hommes que M. Shelton avoit à Bord, fit bien-tôt rentrer une partie des Barbares dans la soumission, & les plus obstinés se retirérent dans les Montagnes, où l'on ne pensa point à les poursuivre. Son Voyage n'étoit point inutile, puisqu'il produisit tout d'un coup l'effet pour lequel il étoit entrepris. Cependant après avoir distribué une partie de ses Troupes dans les Forts, il paroissoit déterminé à retourner promptement en Europe avec le reste. Nouveau sujet d'incertitude, du moins pour moi qui brûlois de me revoir à Londres, & qui étois comme averti par un pressentiment secret des disgraces dont nous étions ménacés. Le sentiment de M. Rindekly ne laissa point de l'emporter. Il vouloit qu'il ne manquât rien à notre fortune, & que nous ne retournassions à Londres, que pour nous y reposer dans l'abondance pendant tout le reste de notre vie. Plusieurs de nos gens, dont les désirs étoient plus bornés, demandérent le partage de notre or. Il se fit avec toute la bonne foi qui avoit été la baze de notre société. Cependant la plûpart de ceux mêmes qui avoient presſé cette diſtribution, ſe rengagérent à notre ſervice; de ſorte qu'après le partage & les Congés accordés au gré de ceux qui les demandoient, nous nous trouvâmes encore avec quarante-cinq hommes d'Equipage. M. Ringdekly poſſedoit admirablement l'art de ſéduire les eſprits par les plus grandes eſpérances. Les preuves qu'il nous avoit données de ſon habileté ſervoient encore plus à ſoutenir la confiance. Il nous propoſa de pénétrer dans le Golfe du Mexique, où nous apprenions que les François commençoient à négliger un fort bel établiſſement, après l'avoir entrepris avec une ardeur extraordinaire. Son deſſein n'étoit pas de rien uſurper ſur une Nation qui nous étoit attachée par une ſolide alliance. Mais depuis les expériences que nous avions faites en Afrique, il avoit pour principe, qu'il y avoit toujours beaucoup à gagner chez les Nations Sauvages qui voyoient des Européens pour la premiere fois; & ſans s'ouvrir de toutes ſes eſpérances, il nous exhortoit à nous fier à ſa conduite.

J'avois des liaiſons trop étroites

avec lui pour lui contester trop ardemment ses principes, & je devois être convaincu d'ailleurs de la sincerité de son zéle pour l'interêt commun de notre famille. Je cédai à la vraisemblance de ses raisonnemens, avec la seule exception que la moitié de notre or demeureroit à la Jamaïque, & que nous ne risquerions point tout le fond de notre fortune. Mais je fus surpris de lui entendre assurer qu'il pensoit si peu à risquer notre or, que son dessein au contraire étoit d'employer seulement ce qui seroit nécessaire pour la carguaison du Vaisseau, & que pour les marchandises dont il vouloit la composer, il n'avoit besoin que d'une somme médiocre. En effet, il nous chargea de liqueurs fortes, de bas, de bonnets & de camisoles de laine, d'ustenciles de fer, & de toutes les bagatelles qui nous avoient procuré tant de faveur chez les Négres. A l'objection que je lui fis, que dans toutes les parties du Golphe, où il parloit toujours de pénétrer, les Amériquains accoutumés au commerce des Nations de l'Europe, n'avoient plus la même avidité pour ces petites marchandises, il me répondit que c'étoit les Européens eux-mêmes qui s'étoient accoutumés à ne leur en plus porter dans cette fausse opinion ; que n'ayant pas fait inutilement quatre Voyages en Amérique, il savoit de quel prix les habillemens de laine, les ustenciles de fer, & sur-tout les liqueurs fortes étoient toujours pour les Sauvages ; que son embarras n'étoit point de leur faire agréer des biens de cette nature ; mais de trouver dans les Païs que nous allions visiter, des Sauvages qui nous fissent gagner beaucoup au change, & qu'il avoit là-dessus depuis long-tems des idées qui ne pouvoient guéres le tromper. Enfin, tout m'étant agréable, avec la condition de laisser notre or derriere nous, je m'engageai à le suivre sur la seule confiance que j'avois à son esprit & à son amitié.

Il ne me fit pas long-tems, néanmoins, un mystere de son projet. Il avoit observé dans ses Voyages précédens que depuis le Traité de l'Assiento, ceux de nos Marchands qui entreprenoient le Commerce clandestin n'avoient guéres d'autre vûë que de suppléer au Vaisseau annuel, en lui fournissant par la voie qui portoit le nom de Commerce des Chaloupes, dequoi se remplir à mesure qu'il se vuidoit, soit à Veracruz, soit à Porto-Bello; ou que le principal terme du moins étoit toujours quelqu'une des Villes où les Espagnols tenoient leurs grands Marchés. Il se proposoit au contraire d'abandonner les routes communes, pour s'arrêter sur les Côtes où il n'auroit affaire qu'aux Sauvages. Il avoit un Memoire des lieux où se faisoient les principales pêches des perles, & d'où l'or passoit pour venir en plus grande abondance. Les Espagnols n'ayant point de Troupes dans tous ces quartiers, il se promettoit qu'avec un Vaisseau aussi-bien armé que le nôtre, nous nous ferions respecter d'eux s'il s'y trouvoit quelques gens de leur Nation; & qu'avec des denrées, qui ne passoient point pour marchandises de contrebande, nous engagerions les Naturels à nous faire tous les avantages que les Espagnols ne tiroient d'eux que par leurs duretés & leurs violences.

J'avoüe que cette explication augmenta ma confiance. M. Rindekly, qui s'étudioit de plus en plus à ne rien négliger, prit une autre précaution que je trouvai fort sage, & que la suite de notre entreprise nous fit reconnoître fort nécessaire. Il obtint du Gouverneur de la Jamaïque, après lui avoir communiqué une partie de son dessein, des Lettres de Commission, pour porter les plaintes de nos Colonies à tous les Gouverneurs & les Officiers Espagnols, des hostilités que leurs Gardes Côtes commettoient sans cesse contre nous, sous le prétexte d'arrêter le commerce clandestin. Cet office, qui n'étoit borné à aucun lieu, nous donnoit la liberté de nous présenter sur toutes les Côtes, où nous pouvions supposer que les Anglois avoient souffert quelque violence, & Milord Harbert, Gouverneur de la Jamaïque, nous en fit expédier d'autant plus facilement les Lettres, que dans les sujets réels que nous avions de nous plaindre des Espagnols, il favorisoit toutes les entreprises qui étoient à l'avantage de notre commerce.

Nous partîmes ainsi sous les plus heureux auspices, & tranquilles du moins, sous la garantie du droit des

Gens. M. Rindekly fit tourner la voile droit à la Havana. Je lui avois promis tant de confiance, que je ne lui demandai pas même quelles étoient ses prémieres vûes. Nous arrivâmes le troisiéme jour à l'entrée du Port, qui est un Canal fort étroit, de la longueur d'un demi mille, au Nord-Ouest de l'Isle de Cuba. Cette entrée étoit défenduë par plusieurs Forts. Le Commandant à qui nous déclarâmes notre Commission, nous demanda le tems d'en donner avis au Gouverneur de la Ville; ce qui nous fit demeurer vingt-quatre heures dans le Canal. On nous accorda la liberté d'entrer dans le Port. Nous admirâmes sa beauté. C'est un Bassin qui a la forme d'un quarré long, du Nord au Midi. Le Canal qui forme l'entrée, est au coin du Nord-Ouest, & les trois autres coins forment trois grandes Bayes, au fond d'une desquelles, qui est au coin du Sud-Est, on découvre la Ville de *Guan Abacoa*, éloignée par terre d'environ deux lieuës de la Havana, mais d'une lieuë seulement par la Mer.

A l'Ouest se présente la Havana,

dans une délicieuse plaine qui s'étend au long du rivage. Sa figure est ovale, & commence à un demi mille de la Bouche du Port. Autrefois les Maisons n'étoient que de bois, mais depuis l'année 1536, on les a bâties de pierres dans le goût de celles d'Espagne. Les Edifices sont fort beaux, mais ils ont peu d'élevation. Les ruës sont étroites, extrêmement propres, & si droites qu'on les croiroit tirées à la ligne. On y compte onze Eglises, tant Paroisses que Monasteres, & deux magnifiques Hôpitaux. Au milieu de la Ville est une belle Place quarrée, dont tous les Bâtimens sont uniformes. Rien n'approche de la magnificence & de la richesse des Eglises. Les lampes, les chandeliers & tous les ornemens des Autels, sont d'or ou d'argent. On y admire plusieurs lampes d'un travail exquis, & dont le poids est de deux cens marcs.

Nous fûmes reçus des Espagnols avec une politesse affectée, qui ne donna qu'un sujet de rire à M. Rindekly, parce qu'il lui étoit indifférent de quel œil on regardoit sa Commission. Pendant quelques jours qu'il employa gravement à traiter avec le Gouverneur, je cherchai d'autant plus curieusement à prendre une connoissance particuliere de la situation & du commerce de la Ville, que les Espagnols s'efforcent de dérober toutes ces lumieres aux Etrangers. La Havana fut bâtie par Jean Velasques, qui s'empara de l'Isle de Cuba en 1511, avec l'assistance du fameux Barthélmi de las Casas, qui ayant embrassé dans la suite l'Ordre de Saint Dominique, devint Evêque de Chiapa dans la nouvelle Espagne, & nous a laissé l'Histoire des cruautés des Espagnols dans les Indes. En 1561. l'on ne comptoit encore que trois cens Espagnols à la Havana, ce qui est confirmé par notre Chilton, qui eut alors l'occasion d'observer ce qu'il a publié dans sa Relation. Du tems d'Heirera, c'est-à-dire en 1600, le nombre étoit augmenté jusqu'à six cens familles. Aujourd'hui l'on fait monter toute la Ville, en y comprenant les Noirs & les Mulâtres, à dix mille familles.

Les Habitans ont dans les manieres un air de politesse & d'ouverture qu'on ne trouve point dans les autres Colonies Espagnoles. Cette façon libre est répanduë jusques dans les femmes, quoiqu'elles ne sortent jamais de leurs maisons sans être couvertes d'un grand voile. Elles savent presque toutes la Langue Françoise : elle imitent aussi la même nation dans leur coëffure & dans leur habillement. A la surprise que je témoignai là-dessus, on me répondit que ces usages s'étoient introduits depuis que la Maison de Bourbon est sur le trône d'Espagne, & que plusieurs familles Françoises sont venuës s'établir à la Havana. On m'apprit qu'en 1703, lorsqu'on y faisoit des réjouissances à l'honneur de Philippe V, M. du Casse, Officier François, s'y étant trouvé avec son Escadre, les Espagnols le priérent de se joindre à eux pour cette fête. Il fit débarquer cinq cens de ses Soldats, qui firent les exercices militaires sur la grande Place, & qui cauférent tant d'admiration aux Habitans, que la Ville se trouva disposée à recevoir tous les François qui souhaiteroient de s'y établir.

Les alimens les plus communs à la Havana, sont la chair de porc & celle de tortuë, dont on porte même une quantité considérable en Espagne. Le porc y est très-nourrissant ; & contre sa nature ordinaire, il y resserre le ventre au lieu de le relâcher. Quelques-uns de nos Anglois furent étonnés, qu'après s'être fait purger, le Médecin leur ordonna de manger du porc roti. On coupe la chair des tortuës en pieces fort longues, qu'on sale beaucoup & qu'on fait ensuite secher au vent. Les Matelots la mangent avec de l'ail, & lui trouvent le goût du veau. Mais toutes les autres provisions, à la réserve du vin qui est fort bon à la Havana, y sont d'une cherté extraordinaire. Le pain même n'y est point à bon marché. Le poisson & la viande de Boucherie y sont sans goût.

La Jurisdiction de la Havana s'étend sur la moitié de l'Isle, comme celle de *San Jago de Cuba* sur l'autre partie. Quoique San Jago ait toujours passé pour la ville Capitale, la Havana ne lui céde cet avantage que pour le nom, car elle est la résidence du Gouverneur général de l'Isle & de tous les Officiers du Roi, tandis que San Jago n'a qu'un Gouverneur subalterne. Elle eſt auſſi le Siége Epiſcopal, dont le revenu annuel eſt de cinquante mille écus. Les environs de la ville ſont la plus belle & la plus fertile partie du païs. Le reſte de l'Iſle eſt ſi ſec & ſi montagneux, qu'on n'y trouve ni Fermes, ni troupeaux.

Mais c'eſt par l'importance de ſa force & de ſon commerce, qu'il faut conſiderer la Havana. Je réſerve pour ceux qui nous gouvernent, toutes les obſervations de M. Rindeckly & les miennes ſur le premier de ces deux articles, & je me garderai bien de les expoſer au hazard d'être traduites dans quelque autre Langue, pour ſervir de préſervatif contre l'utilité que l'Angleterre en peut tôt ou tard eſperer. Par bien des queſtions hazardées, M. Rindekly étoit parvenu à ſe faire éclaircir quantité de vûës qu'il avoit formées anciennement, & quelques-unes dont il étoit redevable à l'article de mon Journal, où j'avois inſeré la Relation de Carthagéne. Revenant toujours à l'idée qu'on ſe trompoit en croyant les Naturels de l'Amérique revenus du goût qu'ils avoient eu pour nos petites denrées, il eſperoit beaucoup plus de cette voie que d'un commerce régulier; & suivant ses mesures, il se croyoit également à couvert, & de la crainte des Espagnols & du reproche de violer la Justice.

Je ne sai si nous devions souhaiter de faire un plus long séjour à la Havana; mais un Officier du Gouverneur vint nous déclarer qu'ayant rempli suffisamment notre Commission, il n'y avoit plus que des vûës suspectes qui pussent nous arrêter. Cette explication, jointe au soin qu'on avoit eu de retenir constamment notre Equipage à bord, nous fit craindre quelque insulte des Habitans, si nous différions notre départ jusqu'au lendemain. Mr Rindekly, qui savoit beaucoup mieux que moi la Langue du païs, nous avoit entendu nommer dans plus d'une occasion, *traîtres* & *Lutheriens*. Nous étions d'ailleurs assez satisfaits du Gouvernement. Notre Commission portoit, non-seulement de faire des plaintes contre les Gardes-côtes, qui nous avoient enlevé plusieurs Bâtimens sous de faux prétextes, mais de protester que la Nation n'ayant aucune part aux entreprises supposées de quel-

quelques particuliers, les articles fondamentaux du Commerce n'en devoient rien souffrir; & quant aux Barques & aux Vaisseaux qui nous avoient été pris, nous avions demandé que les Marchands interessés fussent entendus dans leurs allégations, & qu'il ne leur fût pas nécessaire de recourir à la Cour de Londres, ou à celle de Madrid, pour faire entendre & recevoir les preuves de leur innocence. Le Gouverneur nous avoit répondu, après quelques jours de délibération, que la témerité des Contrebandiers étant portée à l'excès, il ne falloit pas s'étonner que les Espagnols fissent tout ce qui dépendoit d'eux pour les réprimer; que les Gardes-Côtes n'exécutoient là-dessus que les Ordres de la Cour; & que, s'il étoit vrai qu'ils les eussent quelquefois excedés, c'étoit à la Cour même qu'il falloit adresser nos plaintes, puisque c'étoit d'elle qu'ils recevoient directement leur Commission. Quoiqu'une réponse si vague ne tendît qu'à se défaire promptement de nous, M. Rindekly avoit insisté sur plusieurs Barques qui avoient été prises hors du Golfe, & qui ne pouvoient être accusées, par conséquent, du commerce clandestin. Il avoit reclamé leurs effets avec beaucoup de force ; mais comme il ne pensoit qu'à nous ménager le tems dont nous avions besoin, il s'étoit rendu ensuite à la réponse du Gouverneur, qui se retranchoit toujours dans les bornes de son pouvoir, & qui nous renvoyoit à la Cour, ou au Gouverneur général.

La joie qu'on eut de nous voir partir fut une nouvelle marque de l'impatience & du regret avec lequel on nous avoit soufferts pendant neuf jours. Nous débauchâmes un Négre, que toutes les précautions des Officiers du Port ne purent empêcher de gagner notre Vaisseau, & de s'y tenir caché. En sortant du Canal, M. Rindekly affecta de reprendre au Sud la route de la Jamaïque ; c'étoit celle qui convenoit aussi à son premier dessein. Nous rencontrâmes vers San Antonio, quelques Marchands Espagnols, qui nous laisserent passer sans obstacles ; & passant à la vûe de la Jamaïque avec un vent favorable, nous entrâmes dans la Grande Mer, pour gagner les petites Antilles, comme si notre dessein eût été de nous rendre à la Barbade. Mais coupant en plein Sud, nous prîmes directement vers celle de la Marguerite, où l'importance de notre entreprise étoit d'arriver sans être apperçus des Gardes-Côtes. La fortune nous seconda si heureusement que nous ne fûmes point retardés par les vents que nous redoutions en doublant le Cap de Vela. Nous étant trop approchés de la Grenade, nous évitâmes un autre danger, en reconnoissant aussi-tôt notre erreur; & M. Rindekly, qui connoissoit beaucoup mieux toutes ces Mers que les Côtes d'Afrique, nous fit découvrir, vers le soir, le Château de Monpatre, au Cap de l'Est de la Marguerite.

Quoique les Espagnols n'y ayent aucune garnison; comme c'est le lieu où la petite Flotte qu'ils y envoyent tous les ans pour la pêche des Perles, va jetter l'ancre, & qu'il y reste plusieurs de leurs Marchands ou de leurs Facteurs, nous cherchâmes quelque lieu plus écarté pour aborder. Le fond se trouvant excellent au Nord-Est, nous entrâmes au commencement de la nuit dans une petite Baie, où l'obscurité ne nous empêcha point d'appercevoir de la fumée qui s'élevoit en tourbillons. Nous jettâmes l'ancre aussi-tôt ; & M. Rindekly, croyant le Vaisseau sans péril dans un lieu si paisible, ne se fia qu'à lui-même du soin de prendre les premieres informations. La Lune, qui commença bien-tôt à paroître, lui fit remarquer plus distinctement que la fumée sortoit de quelques cabanes. Il se mit dans la Chaloupe avec huit de nos gens. Ayant gagné le rivage, il se trouva éloigné, d'environ deux milles, des cabanes qu'il avoit apperçues. Il fit ce chemin avec le même courage. C'étoit une petite Habitation de Mulâtres, qui parloient presque tous la Langue Espagnole. Il en fut reçu avec humanité ; & sans leur expliquer ses desseins, il parla de son arrivée comme si le mauvais état de notre Vaisseau l'eût forcé de s'arrêter au premier lieu qui s'étoit offert.

Il revint fort content de la douceur des Mulâtres. Il avoit appris d'eux que les Vaisseaux Espagnols étoient partis de l'Isle depuis six semaines, mal satisfaits de la pêche de cette année; mais loin d'être refroidi par le peu d'avantage qu'ils en avoient tiré, il en conclut, au contraire, que ce qui n'étoit pas tombé entre leurs mains devoit être resté dans l'Isle, & ce n'étoit pas sans fondement qu'il formoit cette conjecture. Il sçavoit par d'autres informations, que les Mulâtres & les Négres qu'ils employoient à la pêche, ne se trouvant point assez payés ou récompensés de leurs peines, commençoient à prendre l'usage de leur dérober les plus belles Perles, & qu'ils se trouvoient mieux de les donner aux Hollandois, qui venoient furtivement de Curassos, & même de Surinam. Dès la pointe du jour nous vîmes arriver cinq ou six Barques, que nous ne fîmes pas difficulté de laisser approcher. Nous reçûmes à bord plusieurs Mulâtres, ausquels nous rendîmes fort avantageusement les honnêtetés qu'ils avoient faites au Capitaine. Ils n'attendirent point qu'on leur parlât de Perles, pour nous en faire voir de fort belles. M. Rindekly, sans marquer trop d'empressement, leur offrit quelques Bonnets & quelques Camisoles qu'ils accepterent avec beaucoup de joie. En effet, ces misérables manquoient de tout, & se croyoient fort heureux de recevoir les presens utiles, eux que les Espagnols font travailler avec une dureté surprenante, sans autre fruit qu'une mauvaise nourriture. Cette premiere visite nous valut quinze grosses Perles, qui ne nous coûterent pas deux pistoles en marchandise. Mais, sur ce qu'ils nous assurerent eux-mêmes que nous n'aurions pas de peine à nous en procurer un grand nombre, nous leur fîmes voir nos provisions de liqueurs fortes, & toutes nos autres denrées, en les leur proposant comme un prix que nous distribuerions liberalement à ceux de qui nous recevrions les plus grands services.

J'étois d'avis d'attendre à bord ce que produiroient nos promesses; mais l'ardeur de l'Equipage, & celle de M. Rindekly même, ne put se moderer à la vûe d'une si belle carriere. La moitié de nos gens quitterent le Vaisseau, dans la résolution, non-seulement de chercher d'autres Habitations, mais d'aller jusqu'à Makanas, qui en est une plus considérable à quelques lieues de la Mer. Le bruit de notre débarquement y arriva plûtôt qu'eux. Tout ce qu'il y avoit de Mulâtres &

d'Amériquains, à qui il étoit resté des Perles, vinrent au bord du rivage, où je ne doutai point, en les voyant, du motif qui les amenoit. Je fis un négoce si avantageux, dans l'absence de M. Rindekly, qu'il fut surpris du tréfor qu'il trouva dans une grande caisse à son retour. Il avoit beaucoup moins réüssi par la peine qu'il s'étoit donnée de parcourir une longue étendue de Côtes. La Marguerite n'est point une petite Isle. On ne lui donne pas moins de trente-cinq lieues de tour; & si toutes ses parties ressemblent à celle dont nous avions la vûe, elles doivent être fort agréables. Elle n'est séparée de la nouvelle Andalousie que par un détroit de huit ou neuf lieues. L'Isle est riche en fruits & en pâturages, ce qui fournit aux Habitans de quoi se nourrir avec abondance; mais manquant d'industrie & de commerce, par la faute des Espagnols, qui dans l'immense étenduë de Païs dont ils sont les Maîtres, ne cherchent que l'or & l'argent, & les pierres précieuses; à peine les Insulaires les plus aisés ont-ils de quoi se mettre à couvert de l'injure des saisons. Ils ont si peu d'eau douce, qu'ils

L iiij

sont obligés de la tirer du continent par des Barques qui vont & reviennent continuellement.

Les Espagnols, n'étant pas toujours assez forts pour contraindre les Naturels à leur pêcher des Perles, amenent souvent avec eux des Esclaves Négres qu'ils employent à cet exercice. Mais ces malheureux, qui sont obligés de plonger jusques sous les rochers pour en arracher les huîtres, & qui ignorent ordinairement la maniere de se défendre des Monstres marins, périssent en grand nombre, soit qu'ils soient étouffés par l'eau, ou dévorés par les Requins. Aussi la pêche la plus abondante se fait-elle dans l'absence des Espagnols, par les Amériquains du Païs, qui sçavent mieux se garantir des périls de la Mer. Mais s'ils ne sont pressés par un extrême besoin, ils cachent à l'arrivée de ces rigoureux Maîtres des richesses qui ne leur procurent pas les biens qui leur sont les plus nécessaires. Nous remarquâmes qu'ils avoient beaucoup plus d'inclination à trafiquer avec nous qu'avec les Hollandois, parce qu'ils conservent le souvenir d'une ancienne descente de quelques Vaisseaux de

Hollande, qui pillerent l'Ifle avec toutes fortes de défordres & de cruautés. Ils font expofés d'ailleurs aux ravages des Filibuftiers, qui viennent fouvent troubler leur pêche, & qui leur raviffent cruellement le fruit de leur travail. Mais le foin qu'ils ont de cacher ce qui eft déja recueilli, fait qu'ils ne perdent gueres que les Perles qu'ils pêchent actuellement.

Enfin, fi nous épuifâmes une grande partie de nos provifions, nous les crûmes réparées au centuple par trois grandes caiffes des plus belles Perles du monde que nous recueillîmes en moins de quinze jours. Nous ne nous ferions point laffés fi-tôt d'une fi heureufe entreprife, fi nous n'avions appris, par les Barques qui apportent de l'eau du Continent, que les Efpagnols étoient avertis de notre expédition, & qu'ils penfoient à nous faire repentir de notre hardieffe.

M. Rindekly jugea que dans la crainte d'être pourfuivis par les Gardes-Côtes, nous n'avions point d'autre route à prendre que celle de la Barbade. Outre la Commiffion du Gouverneur de la Jamaïque, il avoit eu soin de prendre des Lettres de recommandation à Port-Royal, pour quelques riches Négocians de la Barbade, & même pour l'Isle Françoise de la Martinique, qui en est fort voisine. Il se proposoit de mettre nos richesses en dépôt dans l'une ou l'autre de ces deux Iles, & d'y renouveller nos provisions. Nous quittâmes la Marguerite dès la nuit suivante ; & prenant entre l'Isle de la Trinida & celle de Tabago, nous arrivâmes heureusement, en moins de vingt-quatre heures, à l'entrée de la Baye de Carlille, au fond de laquelle Bridgetown est située.

• Cette Ville, qui est la Capitale de la Barbade, a porté autrefois le nom de Saint-Michel. Elle est au 12ᵉ degré 55 minutes de latitude, comme on a pris soin de le marquer en gros caractères sur la premiere Maison du Port. Les vapeurs, qui semblent la couvrir continuellement dans une situation fort basse & fort marécageuse, nous empêcherent de l'appercevoir en entrant dans la Baye ; mais ces nuages se dissiperent à mesure que nous en approchions. Nous n'y trouvâmes rien de désagréable que les marais & les terres mortes dont elle est environnée. Elle contient environ douze cens Maisons, toutes bâties de pierres. Les rues sont larges, les édifices fort élevés, & les loyers aussi chers que dans les quartiers les plus frequentés de Londres. La principale Eglise ne le cede point en grandeur à nos plus vastes Cathédrales. Le clocher en est beau & contient sept cloches : dont l'orgue & l'horloge sont deux pieces fort estimées.

Les Forts qui défendent l'accès de la Ville sont construits avec tant d'habileté que s'ils étoient aussi-bien munis qu'ils doivent l'être, ils n'auroient rien à redouter des plus puissantes attaques. Le premier qui est à l'Ouest, & qui se nomme James-Fort, est monté actuellement de dix-huit pieces de canon. Mylord Grey, qui a été Gouverneur de l'Isle, y a fait bâtir une Salle pour le Conseil qui est d'une beauté extraordinaire. A la pointe d'une langue de terre qui s'avance dans la mer, est un autre Fort, nommé Willonghby, qui contient douze pieces de canon. La Côte de la Baye de Carlisle, depuis le Fort de Willonghby jusqu'à celui de Needham, est défenduë par trois batteries ; & le Fort de Needham a vingt pieces de canon. Au-deſſus, & plus avant dans les terres, le Chevalier Bevill Granvill a commencé une Citadelle, qu'on nomme, à l'honneur de la Reine Anne, le Fort-Saint-Anne. Ce ſera la plus forte place de l'Iſle, mais elle ne coûtera pas moins de trente mille livres ſterlings. Le Conſeil de la Barbade ſe laiſſa entraîner dans cette dépenſe, ſur l'avis que M. d'Herbeville faiſoit de grands préparatifs à la Martinique pour nous venir attaquer. Il y penſoit effectivement, mais ayant été détourné de cette entrepriſe par les difficultés, il alla porter l'orage à Saint-Chriſtophe, & particuliérement à Nevis, qu'il ruina tout-à-fait. A l'Eſt de Bridgetown, eſt un cinquiéme Fort muni de douze canons. Toutes ces fortifications rendent la Ville ſi ſure & ſi tranquille, qu'elle eſt devenue la plus riche des Antilles. Les Marchands n'y craignent aucun danger. Auſſi leurs magaſins & leurs boutiques ſont-ils auſſi richement fournis qu'à Londres. On trouve à Bridgetown des Auberges, des cabarets, des lieux d'amuſement comme dans les plus grandes Villes de l'Europe. On y a établi un Bureau de Poste pour les lettres, & toutes les semaines il en part un Pacquebot, qui les porte en terre ferme pour être distribuées dans toutes les parties des Indes Occidentales.

La Baye de Carlille, au fond de laquelle est Bridgetown, a plus de fond & de largeur qu'il n'en faudroit pour contenir cinq cens Vaisseaux. Il y avoit un Mole, qui s'étendoit depuis Jamesfort jusqu'à la Mer, mais il fut ruiné par un horrible tempête en 1694. On peut juger de la force & de la grandeur de Bridgetown par le nombre de sa Milice. On y compte douze cens hommes de guerre, qui portent le nom de *Régiment Royal*, ou de Régiment des Gardes à pied. C'est dans cette Ville que le Gouverneur, le Conseil, la Chancellerie, & toutes les Cours d'affaires ont leur Siege. En un mot, si le lieu de sa situation étoit aussi sain, qu'il est fort & commode, elle pourroit passer pour la meilleure de nos Places en Amérique, comme elle en est la plus riche. A l'est de la Ville est un Magasin à poudre, bâti de pierre, avec une forte garde.

J'ai commencé par faire la description de ce qui se présente à la premiere vûë. Le Gouverneur, à qui nous fîme notre visite au moment de notre arrivée, nous traita moins comme des Marchands que comme des Députés du Gouverneur de la Jamaique. M. Rindekly, en lui montrant sa Commission, affecta de lui rendre compte de notre voyage à la Havana, & feignit de n'avoir pris par la Barbade que pour s'informer s'il n'y avoit pas quelques nouveaux sujets de plaintes contre les Espagnols, avant que de nous rendre à Carthagene, & dans leurs autres Ports. Nous apprîmes, dans cette premiere Audience, qu'il étoit arrivé, huit jours auparavant sur les Côtes de l'Isle, un accident fort tragique. On y avoit trouvé une Barque sans Matelots, & sans aucun autre guide, quoiqu'elle eût une petite voile renduë, dans laquelle étoient les corps de huit hommes à qui l'on avoit coupé la tête. Ces cadavres étoient nuds, & ne portoient aucune marque à laquelle on pût distinguer de quelle Nation ils étoient. Cependant la forme de la Barque, & la couleur de la chair, qui étoit plus brune que nos Anglois ne l'ont naturellement, avoient fait conjecturer que ce devoit être des Espagnols. Il restoit à sçavoir si cette boucherie étoit l'effet de quelque vengeance des Habitans de l'Isle, ou si elle venoit des Espagnols mêmes, qui pouvoient avoir abandonné la Barque aux flots après avoir massacré huit de leurs propres gens. Toutes les recherches qui s'étoient faites par l'ordre du Gouverneur n'avoient encore pû rien éclaircir.

M. Rindekly, ne pouvant esperer de la discretion de notre équipage, que l'histoire de nos Perles demeurât cachée, prit le parti de confesser au Gouverneur l'obligation que nous avions au vent de nous avoir jetté dans la Marguerite. Cet aveu, qu'il ne put s'empêcher de faire en riant, laissa voir assez que nous n'y avions point été conduits par le seul hazard. Mais on étoit avec les Espagnols dans des termes qui pouvoient faire passer ces entreprises pour de justes represailles. Ils avoient pris recemment cinq grosses Barques, parties d'une autre Baye de la Barbade, & chargées pour la Jamaique, sans autre prétexte que de les avoir trouvées un peu trop à gauche de leur route, quoique la force du vent fût une juste excuse. Nous en concluions que puisqu'ils abusoient du vent pour nous piller mal-à-propos, il nous étoit permis d'employer, dans l'occasion, les mêmes prétextes pour nous dédommager de toutes ces pertes.

Comme notre unique affaire à Bridgetown étoit de renouveller nos provisions, & de mettre nos richesses en sureté, je laissai ce soin à M. Rindekly, pour observer particuliérement les propriétés d'un Pays dont nos Marchands s'étoient moins occupés jusqu'alors à nous faire des relations qu'à tirer de solides avantages. Je visitai dès le lendemain, avec M. Ogle, un des Négocians à qui nous étions recommandés, la nouvelle Maison qui a été bâtie à un mille de la Ville pour la résidence du Gouverneur, & qui se nomme *Pilgrim*, du nom de celui qui a vendu le fond. Elle est située à l'Est. C'est un Edifice qui feroit honneur à nos plus riches & nos plus fastueux Seigneurs en Europe. Du côté du Midi, à un mille & demi de Bridgetown, est un autre Maison, nommée Fontabel, qui servoit auparavant au même usage, & dont l'Isle fait encore la rente au propriétaire.

Depuis la Ville jusqu'à Fontabel, on a tiré au long de la Côte une ligne, qui est fortifiée d'un parapet, & l'on a placé à Fontabel une batterie de douze pieces de canon. De Fontabel à la Plantation de Chace, est une autre ligne qui n'est pas moins défendue ; & de Chace jusqu'à la Baye de Mellou, on trouve des rochers & des monts fort escarpés, qui ont fortifié naturellement l'Isle de ce côté-là. A Mellou est encore une batterie de douze canons ; & delà jusqu'à Hole, qui est une fort jolie Ville, on a fait divers retranchemens qui ne sont point interrompus. Hole est à sept milles de Bridgetown, & à neuf de Saint-Georges. Elle consiste en deux ruës, l'une qui borde l'eau, & d'où l'on entre dans celle qui forme proprement la Ville. On y compte un peu plus de cent maisons. Elle est extrêmement commode pour quelques Plantations voisines, qui y chargent leurs marchandises. On lui donne indifferemment le nom de Hole & de Jamestown, à cause de sa principale Eglise qui est dédiée à Saint James ou Saint Jacques. Le Port est défendu par un Fort muni de 28 pieces d'artillerie ; & proche de la Paroisse de Saint James, qui forme une pointe, on a placé une autre batterie de huit canons.

De Hole à Saint Thomas, vers l'Est, on compte un mille & demi, & de Saint Thomas à Speight, environ six milles. La ligne dont j'ai parlé continue de régner au long de la Côte, depuis l'Eglise de Hole jusqu'à la Plantation du Colonel Alen, au-dessous de laquelle est le Fort de la Reine, *Queensfort*, monté de douze pieces de canon. La ligne continue ensuite jusqu'à la Baye de Reid, où est encore un Fort de quatorze pieces de canon ; delà elle va joindre la Plantation de Scot, qui a un fort de huit canons. Elle gagne la Plantation de Baily, qui a aussi sa batterie ; ensuite celle de Benson, puis celle de Heathcot, qui est fort proche de Speight, où est un Fort de dix-huit canons.

La Ville de Speight, est à trois mille & demi de Hole, & portoit autrefois le nom de *Petit-Bristol*. Après Bridgetown c'est la plus considérable de l'Isle.

Elle est composée de quatre ruës, dont l'une s'appelle la ruë des Juifs. Les trois autres touchent au rivage. On y compte plus de trois cens maisons. C'étoit autrefois le lieu où les Marchands de Bristol abordoient par prédilection, ce qui a servi par degrés à former la Ville. Mais Bridgetown ayant attiré tout le commerce, Hole s'affoiblit tous les jours. Outre le Fort qui touche à la Plantation de Heathcot, il y en a deux autres; l'un au milieu de la Ville, avec onze pieces de canon; l'autre, à l'extrêmité, du côté du Nord, avec vingt-huit pieces.

De Speight la ligne continue l'espace de trois milles, jusqu'à la Baye de Macock, où l'on a bâti nouvellement un Fort, & delà jusqu'à la Paroisse de Sainte-Lucie, qui s'avance environ deux milles dans les terres. De Sainte-Lucie, en tirant vers le rivage du Nord, on rencontre une fort belle campagne; mais depuis Macock, en suivant la Côte, jusqu'à la pointe de Lambert, il y a plusieurs petites Bayes, chacune fortifiée d'un Fort; & de même dans l'espace de quatre milles qu'on compte depuis la pointe de Lambert, en suivant le rivage du Nord, jusqu'à la pointe de Deeble. Delà jusqu'à la Ville d'Oftin, qui est à l'Est, l'Isle est fortifiée naturellement par une chaîne de Monts, & de Rocs, qui la rendent inacceffible. De la pointe de Confer à la pointe du Sud, cette chaîne est extrêmement haute & fans interruption. La Mer est si profonde au long de cette Côte qu'il n'y a presque point de cables qui en puiffe toucher le fond, & le rivage fi difficile, qu'il est impoffible d'en approcher.

Dans la partie de l'Isle qu'on nomme Scotland, ou l'Ecoffe, il y a auffi une chaîne de Montagnes, dont la plus élevée s'appelle le Mont Helleby. C'est le plus haut lieu de la Barbade. Du sommet, on voit de tous côtés la mer autour de foi; & du pied des mêmes Monts fort la Riviere qu'on appelle auffi Scotland, qui tombe dans la Mer près du Mont Chanleky, en formant une efpece de Lac vers fon embouchure. Dans cette partie de l'Isle, la nature du terrein est telle que la furface s'écoule quelquefois à la profondeur d'un pied, ce qui caufe un tort extrême aux Plantations.

En suivant le rivage depuis Sainte-Lucie, on trouve à cinq milles la Paroisse de Saint André, & trois milles plus loin celle de Saint Joseph, où prend sa source la Riviere de Saint Joseph, qui est la principale de l'Isle. Elle sort de la Plantation de *David*, & va se jetter dans la Mer au-dessous de *Holder*, après un cours qui n'est gueres que d'environ deux milles. Quelques-uns prétendent que les eaux de cette Riviere, & de celle de Scotland, sont quelquefois alterées par l'eau de la Mer, qui traverse le sable dans les grandes marées. Les plus éclairés assurent que c'est une erreur : Mais il est vrai que les marées couvrent souvent les pâturages & les plantations à quelque distance, ce qui rend alors le passage de ces lieux fort difficile.

Outre ces deux Rivieres, on trouve presqu'à chaque Plantation des sources d'eau vive ; & dans quelque endroit qu'on ouvre la terre, on est presque sûr d'y rencontrer une source. De Saint-Joseph, on compte, au long de la même Côte, trois milles jusqu'à Saint-Jean. C'est dans cette Paroisse qu'est située la célebre Plantation du Colonel James Drax, qui, avec un fond de trois cens livres sterling, devint le plus riche de tous les Négocians de l'Isle. Trois milles plus loin, en tirant vers le Sud, on trouve les Paroisses de Saint-Philippe & de Saint-André. Là commence une chaîne de Montagnes qui régne depuis Valrond jusqu'au Mont de Middleton, & delà jusqu'à la Paroisse d'Harding. Cette partie de l'Isle est la derniere qui ait été habitée, à l'exception de Scotland. Trente ans après le premier établissement des Anglois, il n'y avoit encore aucune Plantation depuis la Baye de Codrington jusqu'à celle de Cottonhouse, qui est près d'Ostin. Tout étoit couvert de bois; au lieu qu'à present on trouve aussi peu de bois depuis Sainte-Lucie jusqu'à Ostin, qu'on y trouvoit alors peu de Maisons. De Saint-Philippe jusqu'à Christchurch, on compte sept milles.

La Ville d'Ostin, qui est voisine de Christchurch, a tiré son nom du premier Anglois qui s'y est établi. C'étoit un Fou, qui ne laissa point d'y amasser des richesses considérables, & dont le nom a prévalu sur celui de Charles

Town, qu'on a voulu donner au même lieu. La Baye de cette Ville est flanquée de deux bons Forts, l'un vers la Mer, l'autre du côté de la Terre. La communication est libre entre les deux par le moyen d'une longue Plateforme. Le premier, qui est au Nord de la Ville, contient quarante pieces de canon; l'autre n'en a que seize ou dix-huit, mais ils défendent admirablement la Place. Elle est de la grandeur de Hole, & bâtie presque de même. On ne compte delà que six milles jusqu'à Bridgetown, Little Island, ou la petite Isle, en est éloignée d'un mille & demi. C'est-là que sont les fameux jardins de M. Pierce, où l'on voit des allées admirables d'Orangers & de Citroniers, des Bosquets de toutes sortes d'arbres les plus délicieux, des ouvrages d'eaux, avec une prodigieuse quantité de fruits & de fleurs.

Après avoir fait presque entierement le tour de l'Isle, où je ne manquai point d'observer plusieurs autres Bayes, telles qu'au Nord, *River-Bay*, *Teut-Bay*, *Baker's bay*; à l'Est, *Skullbay*, *Foul-Bay*, *Mill's-Bay*, *Long-Bay*, *Women's-Bay*; au Sud-Ouest, entre la pointe de Deeble, & celle d'Oſtin, *Sixmen's-Bay* ; & du côté le plus Occidental de l'Iſle, *Cliff's-Bay* ; ſans compter pluſieurs autres petites Bayes, qui ſont ſans noms, ou qui portent celui du Chef de la Plantation voiſine ; j'obſervai auſſi pluſieurs torrens, qu'on honore du nom de Rivieres, tels que celui de Hockletoncliff, dans la Paroiſſe de Saint-Joſeph, qui ſe jette dans la Mer à un mille de la Riviere de ce dernier nom ; le torrent de Hatches, dans la Paroiſſe de Saint-Jean, & celui de la Paroiſſe Saint-Philippe, qui ſe perd avant que d'arriver à la Mer ; on trouve auſſi de côté & d'autre des mares ou des étangs, qui ont été ouverts pour la commodité de l'eau. Entre Bridgetown & Fontabel, eſt un ruiſſeau qu'on appelle la Riviere Indienne, *Indian River*, qui roule aſſez d'eau pour aller juſqu'à la Mer.

La ligne, qui environne l'Iſle preſqu'entiere, conſiſte dans un foſſé & un parapet de ſable, haut de dix pieds, devant lequel eſt une forte haye d'épines, dont les pointes ſont capables de faire des bleſſures dangereuſes.

Une rareté particuliere à cette Iſle,
eſt

c'est le nombre extraordinaire de vastes caves qu'on y trouve de tous côtés. Il y en a de plusieurs milles de longueur, & dans lesquelles il coule souvent un ruisseau. Les Négres s'y cachent lorsqu'ils ont quelque chose à redouter de la colere de leurs Maîtres. On prétend qu'elles servoient de retraite aux Caraïbes, lorsqu'ils possedoient ce Pays; mais il est incertain s'ils l'ont jamais possedé.

Il y a peu d'édifices publics dans l'Isle de la Barbade. Les Négocians ont apporté, jusqu'à présent, moins de soins à l'embellissement de leur demeure, qu'à l'augmentation de leurs richesses. Il n'y a que les Eglises, la Maison du Gouverneur, & la Salle du Conseil qui soient bâties réguliérement. Les Maisons y sont extrêmement basses, & c'est apparemment la crainte d'un nouvel ouragan, tel que celui de 1667, par lequel tous les Édifices furent abbattus, qui empêche qu'on ne leur donne plus d'élévation. On n'y voit point de tapisseries, quoique l'humidité de l'air rende les appartemens fort mal sains; mais la même raison fait appréhender que les tapisseries ne fussent exposées trop-tôt à la pourriture. Cependant on trouve par-tout, sinon de l'élégance, du moins de la propreté & de la commodité.

On peut s'imaginer que le terroir de la Barbade est un des plus fertiles de l'Univers, puisque dès les premiers essais qu'on en a faits pour les cannes de sucre, il a rendu annuellement une moisson prodigieuse. Quoiqu'il ait aujourd'hui moins de fécondité, ce qui n'est par surprenant après qu'on en a tiré tant de richesses, il ne laisse pas, avec un peu de culture, de produire encore des trésors si considérables qu'on a peine à se le persuader quand on ne connoît point le commerce de cette Isle. Chaque acre de terre, l'un portant l'autre, rend tous les ans à l'Angleterre 10 Schellings, qui font près de douze livres de France, sans y comprendre le profit du Planteur, & l'entretien de plusieurs milliers de personnes qui vivent de ce commerce à la Barbade & à Londres. Enfin l'on ne connoît point de terre plus féconde. Les quartiers mêmes qui le sont le moins, tels que celui de Bridgetown, qui est fort sablonneux, rapportent abondamment pendant toute l'année. Les arbres & les campagnes y sont toujours couverts de verdure. On y voit constamment des fleurs & des fruits, c'est-à-dire, tous les agrémens, & toutes les promesses du Printemps, avec l'utile maturité de l'automne. Les Habitans y sont occupés sans cesse à semer ou à planter ; mais sur-tout au mois de Mai & de Novembre, qui sont les saisons où l'on confie à la terre le bled des Indes, les patates, & toutes sortes de légumes.

On ne distinguoit d'abord aucune saison particuliere pour les cannes de sucre, parce que toutes les saisons étoient également favorables. Mais depuis qu'on s'est apperçû de quelque épuisement de la terre, qui a fait prendre le parti de la cultiver réguliérement, la saison pour planter les cannes de sucre est entre le mois d'Août & celui de Janvier.

Le sucre est la principale production de la Barbade. Les autres sont l'indigo, le cotton, le gingembre, & plusieurs sortes de bois, de plantes, de fruits, & de légumes, dont on trouve la description dans plusieurs Livres.

M ij

Rien n'égale la beauté des jardins, dès qu'on donne le moindre soin à leur culture. Toutes les peintures qu'on fait des Champs Elisées n'approche point de ce spectacle. On trouve aussi dans l'Isle toutes les especes d'animaux que nous avons en Europe, avec plusieurs autres, tant de mer que de terre, qui sont inconnus dans d'autres lieux, & dont on trouve les noms & les proprietés dans M. Ligon, & dans le Docteur Stubs.

Une remarque à l'avantage de la Barbade, c'est que la plûpart des Chefs de Plantations sont des gens de qualité; ce qui lui donne une sorte de supériorité sur toutes les autres Colonies de l'Amérique, où l'on sçait que les premiers Habitans ont été presque tous des gens sans nom & sans aveu. Il est assez surprenant qu'il s'y trouve un Paléologue, descendu, suivant les prétentions de sa famille, des anciens Empereurs du même nom. C'est apparemment pour soutenir ces idées de Noblesse, que les Rois d'Angleterre créent souvent Chevaliers Baronets les plus riches Négocians de la Barbade. Il y en eut treize de créés tout-d'un-coup en 1661.

L'excellence du Pays y attira tant de monde dès l'origine de notre établissement, que vingt ans après, la milice y étoit plus nombreuse qu'elle ne l'est aujourd'hui à la Virginie, qui a cinquante fois plus d'étendue. On y comptoit alors onze mille hommes, tant d'Infanterie que de Cavalerie. Ce nombre se trouva si considérablement augmenté en 1676, sous le Gouvernement du Chevalier Jonathas Atkins, qu'on y en comptoit vingt mille, & cinquante mille habitans venus d'Europe, ou descendus de familles Européennes, avec quatre-vingt mille Négres ; ce qui faisoit en tout plus de cent cinquante mille ames, dans une Isle qui n'est gueres plus grande que celle de Wight. Nous n'avons point de Provinces en Angleterre qui soient si peuplées. L'Angleterre contient quatre cent fois plus de terrein que la Barbade, & devroit avoir par conséquent cinquante millions d'habitans en proportionnant sur cette régle le nombre à l'étendue ; tandis que, suivant tous les calculs, elle n'en a pas sept millions.

Cependant cette quantité de monde

est fort diminuée à la Barbade depuis la retraite de plusieurs riches Négocians qui sont venus joüir de leur fortune en Europe, & par une funeste maladie qui fut apportée dans l'Isle en 1691. Il y est mort tant de Maîtres & d'Esclaves, qu'on n'y compte plus que sept mille hommes de milice, vingt-cinq mille habitans Anglois, & soixante ou soixante-dix mille Négres. On distingue les Habitans en trois ordres : les Maîtres, qui sont, ou Anglois, ou Ecossois, ou Irlandois, avec un petit nombre de Hollandois, de François, & de Juifs Portugais ; les Domestiques blancs, & les Esclaves. Il y a des Domestiques blancs de deux sortes : ceux qui s'engagent volontairement en Europe, pour aller servir à la Barbade l'espace de quatre ans ou davantage ; & ceux qui sont transportés en punition de quelque crime. Les honnêtes gens de l'Isle méprisoient autrefois ceux-ci jusqu'à refuser de s'en servir ; mais les ravages de la maladie, & ceux de la guerre, les ont forcés d'employer tout ce qui se presente. A l'égard des autres, la plûpart sont de pauvres gens, que la misere, ou quelque sujet de chagrin a chassés de leur Patrie, & qui, après avoir rempli l'engagement de leur servitude, trouvent quelquefois le moyen de former une bonne Plantation qui les enrichit.

Les Maîtres vivent dans leurs Plantations comme autant de petits Souverains. Ils ont leurs domestiques pour le service de leur maison, & pour l'ouvrage de la campagne. Leur table est bien servie, leur suite nombreuse, leurs carosses, & leurs livrées beaucoup plus magnifiques que les équipages de Londres. Outre le train de terre, les plus riches ont des Barques fort ornées sur lesquelles ils se plaisent à faire le tour de l'Isle. Les Dames y sont vétuës avec autant de goût, & de propreté que de magnificence. Leurs sociétés ne sont pas moins agréables que celles de Londres, ou du moins l'emportent beaucoup sur celles des plus honnêtes gens de nos Provinces. La générosité, la politesse, l'hospitalité, régnent dans toutes les parties de l'Isle. Leur nourriture commune est la même qu'en Angleterre; mais rien n'est comparable à la beauté de leurs desserts, qui sont composés de mille choses délicieuses que l'Isle produit en abondance. Cependant ils sont obligés de tirer leur farine, leurs vins, & presque toutes leurs liqueurs, de l'Europe. Un Domestique blanc s'achete vingt livres sterling, ou plus s'il sçait quelque métier; une femme dix livres, lorsqu'elle est jolie. Ils redeviennent libres lorsque le tems de leur service est expiré. La condition des Esclaves Négres est fort misérable, parce que leur servitude dure toute leur vie. Ils coutent ordinairement trente ou quarante livres sterling; mais il s'en trouve de si habiles qu'on ne fait pas difficulté d'en donner jusqu'à deux ou trois cens livres sterling.

On les achete par lots sur les Navires qui les apportent de Guinée. Les Maîtres leur laissent la liberté de prendre deux ou trois femmes, dans l'espérance d'une plus grande multiplication; mais j'ai remarqué au contraire que l'excès du plaisir les énerve. Les femmes sont fidelles à celui qui passe pour leur mari, & l'adultere est regardé entr'eux comme un grand crime. Il y en a peu qui marquent du penchant pour le Christianisme. On ne leur impose là-dessus aucune loi ; mais il est faux qu'on s'oppose à leur conversion. Ce changement n'en apporteroit point à leur état, & ne diminueroit pas l'empire absolu que leurs Maîtres ont sur eux. La plûpart sont perfides & dissimulés ; leur nombre, qui est au moins de trois pour un blanc, les rend si dangereux, qu'on est obligé, pour les tenir dans la soumission, de les traiter avec beaucoup de rigueur. D'ailleurs, la paresse & l'imprudence sont deux autres vices dont on en trouve très-peu d'exempts. Il est arrivé mille fois qu'un Négre a ruiné la Plantation de son Maître par le feu, sans qu'on ait pû découvrir si c'étoit négligence ou malignité. On est surpris en Europe que leur multitude ne les encourage pas plus souvent à la révolte. Nos Anglois, à qui j'ai marqué le même étonnement, m'ont répondu que la plûpart étant de differentes Régions d'Afrique, vivent non-seulement sans le moindre commerce les uns avec les autres, mais avec une haine mutuelle, qui va jusqu'à les empêcher de se rendre certains services dont l'occasion se présente continuellement, & qui pourroient les soulager dans leur misere. D'ailleurs, on les entretient dans une si furieuse crainte des armes à feu, qu'à peine osent-ils lever les yeux sur un fusil. Lorsque les Troupes font l'exercice ou passent en revûë, on voit tous les Négres tremblans comme s'ils croioient toucher à la derniere heure de leur vie. Ils sont tous Idolâtres, & l'on prétend que c'est le Diable qu'ils adorent. Mais un Maître ne s'attache guéres à pénétrer quelle est la Religion de ses Esclaves. Les Négres Créoles sont moins grossiers. Les enfans des Afriquains perdent aussi quelque chose de la férocité de leurs peres.

Le Docteur Towns prétend que le sang des Négres est aussi noir que leur peau. Il a vû, dit-il, tirer du sang à vingt au moins de ces malheureux, soit dans la santé ou la maladie, & la superficie en étoit aussi noire que le paroît notre sang lorsqu'on l'a conservé pendant quelques jours dans un bassin. Il en conclut que la noirceur est une qualité qui leur est absolument naturelle, & qui ne leur est pas communiquée par l'ardeur du Soleil ; d'autant plus, ajoute-t'il, que les autres créatures qui vivent sous le même climat ont le sang aussi vermeil que nous l'avons en Angleterre.

Mais avec quelque habileté que le Docteur ait communiqué cette prétendue découverte à la Société Royale, j'ai sçu de plusieurs honnêtes gens de la Barbade, ce qu'il ne m'étoit pas venu à l'esprit d'éclaircir dans mes deux voyages d'Afrique : 1o. Que par des expériences continuelles, ils étoient surs que le sang des Négres n'est pas different du nôtre : 2o. Qu'il est même arrivé plus d'une fois que par divers accidens un Négre est devenu presque aussi blanc que nous. On me raconta l'exemple récent d'un Esclave du Colonel Titcomb, qui s'étoit tellement brûlé dans une chaudiere de sucre, qu'il s'étoit élevé dans toutes les parties de son corps une multitude infinie de pustules blanches. A mesure qu'il se rétablit, sa peau acquit une parfaite blancheur, & devint si tendre qu'elle étoit blessée de l'ardeur ordinaire du Soleil ; de sorte que, par un sentiment d'humanité, son Maître le fit revêtir d'habits comme un domestique blanc. Les Médecins de Bridgetown, qui ont fait la dissection de plusieurs Négres, m'ont assuré aussi qu'il n'y avoit aucune différence entre les parties intérieures de leur corps, & celles des Habitans de l'Europe.

Un Chef de Plantation a sa demeure au milieu de ses Négres ; c'est-à-dire, qu'étant logé avec toutes les commodités possibles, pour lui & pour tous les domestiques qui le servent dans sa maison ; il est environné, à quelque distance, des huttes de ses Esclaves, qui forment de petits Villages dont il est le souverain Maître. Leur nourriture est fort misérable, elle consiste en légumes & en fruits, que leurs femmes cultivent, avec quelques morceaux de porc salé qu'on leur accorde deux ou trois fois la semaine. Lorsqu'il meurt quelques bestiaux de maladie, ils se jettent sur cette proie, que les domestiques blancs dédaignent, & rien ne peut representer l'avidité avec laquelle ils s'en remplissent l'estomac.

Les amusemens des Négres consistent à danser le Dimanche au son de deux instrumens qui forment une mélodie fort bizarre, ou à lutter, les hommes pêle-mêle avec les femmes. Les

Anglois n'ont guéres d'autres plaisirs que celui de la table & des cartes, ou des autres jeux de hazard. Il reste dans le bois quelques animaux sauvages; mais en général le Pays n'est pas propre à la chasse. Les bals sont fort en usage entre les jeunes gens, tandis que ceux d'un âge plus avancé employent une partie du jour à boire. Le vin de Madere, quoique trop chaud peut-être pour un climat qui l'est beaucoup aussi, fait leurs plus cheres délices; & ce n'est point une chose rare pour un homme en bonne santé, que d'en boire chaque jour cinq ou six bouteilles. Ils en préviennent les mauvais effets en se procurant des sueurs abondantes. Une proprieté du vin de Madere, du moins à la Barbade, est de ne pouvoir se conserver dans une cave fraîche. Les vins de France & du Rhin y perdent leur force, quelque moyen qu'on employe pour les soutenir, & celui de Canarie n'y est point estimé.

Il est venu quelquefois à la Barbade des Troupes de Comédiens de Londres, qui n'ont point eu sujet de se repentir du voyage. Nous trouvâmes à Bridgetown des Marionetes nouvellement arrivées, & nous admirâmes l'ardeur des plus honnêtes gens à se procurer tous les jours la vûe d'un spectacle si puérile. La Salle des representations étoit mieux ornée que celles des plus célebres assemblées d'Angleterre, & le prix fort supérieur à celui des Théâtres de Londres.

Parmi toutes ces observations, je me gardai bien de négliger celles qui pouvoient m'apporter de nouvelles lumiéres pour le commerce. Quoique le sucre fasse le principal fond des richesses de l'Isle, il y a fait naître tant d'autres moyens de s'enrichir, que ce ne sont pas aujourd'hui les Chefs des Plantations qui passent pour les plus opulens. Si l'on considere combien de gens sont employés dans ce petit coin du monde, on ne sera pas surpris que les seules nécessités des Habitans forment une carriere fort vaste pour toutes sortes de Négoces. Il ne partoit point autrefois, moins de quatre cens Vaisseaux de la Barbade, richement chargés pour Londres; d'où l'on peut inferer quelle prodigieuse quantité de mains étoient employées à ces expéditions. La seule subsistance de tant de bouches entraînoit un commerce à la nouvelle Angleterre & à la Caroline, pour les provisions; au nouvel Yorck & à la Virginie, pour le pain, la farine, le Porc, le bled d'Inde & le tabac; en Guinée, pour les Négres; à Madere, pour le vin; aux Terceres & à Fyall, pour le vin & l'eau-de-vie; aux Isles de May & de Curacao, pour le sel; & en Irlande, pour le bœuf & le porc. Mais depuis la grande guerre du commencement de ce siécle, ce nombre de quatre cens Vaisseaux est diminué à 250; ce qui ne laisse pas de porter plus de sucre en Europe que toutes les autres Isles n'en fournissent ensemble. Dans l'origine les Habitans plantérent aussi du Tabac, qu'ils envoyoient en Angleterre; mais il se trouva si mauvais qu'on fut obligé d'abandonner ce commerce. Celui de l'indigo succeda; mais l'Isle en produit à present fort peu. Le gimgembre & le coton en viennent toujours avec abondance. Les Marchands de la Barbade tirent cinq pour cent pour les commissions de vente & de retour.

Malgré la chaleur du climat l'air y est si humide que le fer le plus net ne peut être exposé une nuit à l'air sans être couvert de roüille le lendemain; ce qui augmente beaucoup le commerce des instrumens de fer. Le cuivre est d'un grand usage pour la fabrique du sucre. Il est remarquable que les horloges & les montres vont rarement bien dans l'Isle; mais je suis persuadé que la faute vient des Ouvriers, ou peut-être encore plus de la négligence des Habitans, qui ne prennent pas soin assez souvent de nettoyer les ressorts. Je connois un honnête homme, qui, ayant porté à la Bardade une montre qu'il avoit déja depuis quatre ans, l'y conserva saine & réguliere pendant sept autres années, sans y avoir fait faire la moindre réparation. C'en est assez pour accuser d'erreur ceux qui attribuent le désordre de leurs montres au climat. Il n'y a point d'especes de marchandises qui ne puissent être portées à la Barbade avec la certitude d'un prompt débit, parce que tout le monde y est riche, & que l'Isle manque de la plûpart des biens de l'Europe.

Sous le régne de Charles II. la Barbade, & nos autres Isles, furent accusées de faire enlever en Angleterre de jeunes enfans, qu'on transportoit sur les Vaisseaux sans la participation de leurs parens. Le Chevalier William Hayman, fameux Marchand de Bristol, fut obligé de se défendre contre cette accusation devant la Justice, & ne parvint jamais à se justifier clairement; mais les loix ont été si severes en Angleterre & dans les Colonies, qu'elles ont fait abandonner cet odieux trafic.

Comme nous avions pris des Lettres à la Jamaïque, pour deux Anglois qui faisoient depuis quelque tems leur séjour à Sainte-Lucie, M. Rindekly me proposa de faire le voyage de cette Isle, qui n'est guéres à plus de vingt lieuës de la Barbade, & j'approuvai le motif qui le portoit à me faire cette proposition. Nos Perles, étant un trésor sur lequel nous fondions de hautes espérances, il jugea qu'il n'y avoit point de précautions trop grandes pour la sûreté d'un tel dépôt; & que sans nous défier d'aucun des Marchands pour lesquels nous avions des Lettres, la prudence nous obligeoit de mettre nos richesses en differentes mains. Il avoit choisi à Bridgetown, le Chevalier John Worfum pour notre Dépositaire, & notre Correspondant dans la suite de nos entreprises. Après lui avoir remis deux de nos trois caisses, il me chargea de porter l'autre, qui contenoit presque autant de Perles que les deux premieres, à M. Rytwood, à qui nous étions recommandés dans l'Isle de Sainte-Lucie.

Notre espérance étoit, qu'à la faveur du commerce qu'il faisoit à la Martinique, dans un tems où la paix étoit bien établie entre les deux Couronnes, il trouveroit le moyen de faire passer sûrement cette partie de notre bien en Angleterre, par la route de France.

Je partis, avec quatre de nos gens, dans une espece de Pacquebot, qui fait réguliérement cette route une fois chaque semaine. Nous arrivâmes le soir du même jour, & d'assez bonne heure pour observer toute la grandeur de l'Isle, qui est longue d'environ vingt-deux milles, sur onze de largeur. Elle est coupée par quelques Montagnes; mais la plus grande partie du terroir est excellente, & fort bien arosée par quelques Rivieres, ce qui lui donne un avantage considérable sur la Barbade. L'air y est aussi plus sain ; & l'on attribue cette différence aux vents d'Est, qui tempere d'autant plus les ardeurs du climat, que l'Isle a moins de largeur, & que les Montagnes n'y sont pas fort élevées. Elle est remplie de grands arbres, qui fournissent d'excellent bois pour les édifices, & pour les moulins à vent ; avantage dont la Barbade se ressent. Entre plusieurs bons Ports, on estime beaucoup celui qui porte le nom de *Little Carenage*, où nos Anglois ont pensé long-tems à se fortifier.

Mais la France & l'Angleterre ayant fait inutilement diverses tentatives pour se mettre en possession de Sainte-Lucie, on en étoit revenu à l'ancienne convention, qui étoit d'user librement des avantages de l'Ile, sans aucune préférence entre les deux Nations. M. Rytwood y avoit jetté comme au hazard les fondemens d'une habitation ; & ne pensant point à troubler les François, qui avoient formé la même entreprise dans plusieurs autres quartiers, il n'étoit point interrompu dans la sienne. Il nous dit que de quelque maniere que les affaires pussent tourner, il avoit deja tiré assez de profit de son travail pour ne pas regretter ses prémiers frais, ni même la perte de ce qu'il employoit actuellement à le continuer. Il ne me fit pas pénetrer dans le fond de son commerce ; mais en considerant le petit nombre de ses Ouvriers, le peu d'espace qu'il avoit défriché, & surtout l'etroite liaison qu'il avoit avec diverses François de l'Ile, & même de la Martinique ; je n'eûs pas de peine à juger que ses principales affaires étoient secrettes, & qu'il tiroit adroitement parti du voisinage des deux Nations.

Il nous reçut avec beaucoup de caresses. Entre diverses recits de ses voïages il nous en fit un fort étendu de la fameuse navigation du Duc & de la Duchesse, deux Vaisseaux de Bristol, qui firent le tour du monde dans le cours des années 1708, 1709, 1710 & 1711. Il étoit Contremaître du Duc, Mais la relation de cette grande entreprise ayant été publiée à Londres en 1712, par le Capitaine Edouard Cooke, je n'en donnerai place ici qu'à ce qui peut eclaircir un fait assez intereſſant, dont on a négligé les circonſtances dans le premier volume. Le Capitaine Cooke parle d'un William Selkirk, qui ayant été abandonné dans l'Ile de Fernandez y paſſa quatre ans & quatre mois ſans aucune ſocieté humaine. M. Rytwood nous apprit d'abord que ce malheureux ſolitaire ſe nommoit Selcrag, ce qu'il nous prouva auſſi-tôt par la lecture même de ſon Journal, où il avoit eu ſoin de lui faire ſigner de ſa propre main la vérité de ſon avanture ; enſuite il nous lut ce qu'il me permit de tranſcrire dans le peu de tems que nous paſſâmes à Sainte Lucie.

» Le Duc & la Ducheſſe s'étant appro-
» chés de l'Ile de Fernandez, qui paſ-
» ſoit alors pour deſerte, depuis que
» les Habitans Eſpagnols avoient trou-
» vé plus d'avantage à ſe retirer au con-
» tinent ; quelques gens de l'Equipage
» découvrirent ſur la côte un homme
» qui faiſoit voltiger une ſorte de Pa-
» villon blanc. On depêcha auſſi-tôt
» l'Eſquif du Duc, & j'en pris moi-mê-
» me la conduite. A meſure que nous
» approchâmes du rivage, nous enten-
» dîmes clairement que l'Etranger im-

» ploroit notre secours en langue An-
» gloise. Je lui criai de me montrer un
» endroit où nous pussions aborder
» sans peril. Il me donna de fort bon-
» nes explications ; & tandis, que nous
» remontions à force de rames vers le
» lieu qu'il m'avoit marqué, nous le vî-
» mes courir au long de la côte avec au-
» tant de vitesse que l'animal le plus le-
» ger. Lorsque nous eûmes pris terre,
» il nous embrassa tous successivement
» avec des transports de joie, qui lui
» ôterent pendant quelque tems le
» pouvoir de parler. Enfin s'étant assu-
» ré par ma promesse que nous le pren-
» drions à bord, il nous offrit de nous
» conduire à son habitation. Le che-
» min, n'en étoit pas long, mais il me
» parut fort difficile. Cependant le de-
» sir de voir un spectacle si extraordi-
» naire, me fit hazarder l'entreprise
» avec deux de mes Matelots. Il fallut
» grimper sur plusieurs Rochers escar-
» pés, pour arriver par cette voie sur
» un terrain fort agréable, couvert
» de verdure & planté de plusieurs
» arbres. Il y avoit deux petites caba-
» nes, composées de terre & de bran-
» ches, dont l'une servoit de loge-

» ment à Selcrag & l'autre de cuisine :
» l'ameublement étoit conforme à la
» nature de l'édifice. Il consistoit en
» plusieurs peaux de chevres ou de
» boucs, étendues au long des murs,
» & sur des pierres assez unies qui ser-
» voient de planches. Une marmite
» de fer, une broche à rotir, & un
» grand couteau composoient tout le
» reste des meubles. A quelques pas
» de l'habitation étoit un petit trou-
» peau de chevres que Selcrag avoit
» trouvé le moyen de prendre toutes
» jeunes, & qu'il avoit apprivoisées.
» Il en tua, sur le champ, une des plus
» grasses, dont il nous fit rotir les
» meilleurs parties ; & pour des gens
» qui étoient depuis plus de trois mois
» en mer, ce repas grossier fut un fes-
» tin delicieux. Nous le pressâmes de
» quitter promptement son désert,
» pour dissiper l'inquietude où l'on
» pouvoit être de notre rétardement.
» Il nous suivit volontiers : nous em-
» portâmes une partie de ses chevres
» dans la Chaloupe.

 » L'explication qu'il nous donna de
» son avanture se réduisit aux circons-
» tances suivantes. Il étoit Matelot de

» la Fregate les Cinq-ports, qui avoit
» touché à l'Ile de Fernandez il y avoit
» quatre ans & quatre mois. Une que-
» relle sanglante qu'il avoit euë avec
» un de ses compagnons lui avoit fait
» prendre le parti de s'échapper, pour
» se mettre à couvert du châtiment.
» Dans l'incertitude des ressources né-
» cessaires à la vie, il s'étoit muni du
» petit nombre d'instrumens que nous
» lui avions trouvés, & toute son étu-
» de avoit été de se cacher jusqu'au
» départ de son Vaisseau. Se trouvant
» seul dans un lieu où les anciens Es-
» pagnols n'avoient laissé aucune tra-
» ce de culture, il avoit été forcé da-
» bord de vivre de coquillages & des
» autres poissons qu'il pouvoit prendre
» sur le rivage. Mais ensuite il avoit
» cherché les moyens de mettre un
» peu plus de variété dans ses alimens.
» L'Ile ne manquoit pas de chevres;
» la difficulté étoit de les prendre,
» au milieu des Rocs & des Monta-
» gnes, où les blessures qu'il leur fai-
» soit quelquefois à coups de pierres,
» ne les empechoient pas de se refu-
» gier. La faim lui servit de maître;
» il s'accoutuma si bien à grimper &

» à

» à courir lui-même sur les rochers,
» qu'il se saisit de plusieurs jeunes che-
» vres; & se perfectionnant tous les
» jours dans cette exercice, il y acquit
» tant d'habileté, qu'il n'y avoit plus
» aucun de ces animaux qu'il ne fût sûr
» de prendre quand il s'étoit mis à le
» poursuivre. Sa vie devint ainsi beau-
» coup plus douce; il ne manquoit ni de
» chair ni de poisson; differens arbres
» lui fournissoient du fruit, & l'eau
» d'une riviere assez fraiche servoit
» à le préserver de la soif. Quelques
» Vaisseaux Espagnols avoient touché
» dans cet intervalle à l'Isle de Fernan-
» dez : mais les ayant reconnus, sans
» s'être laissé découvrir, il avoit mieux
» aimé demeurer avec ses chevres que
» d'être obligé de sa liberté à cette
» Nation. Un jour s'étant approché
» trop près du rivage, il avoit été pour-
» suivi, & même atteint d'un coup de
» feu; mais l'agilité de ses jambes l'a-
» voit sauvé du peril. Le plus grand
» mal qui lui fût arrivé pendant plus
» de quatre ans, étoit une chute vio-
» lente, qui l'avoit précipité du som-
» met d'un roc dans une vallée. Il n'a-
» voit pû se traîner sans une peine

» mortelle jufqu'à fon habitation, &
» n'ayant ni Chirurgiens ni remedes,
» il avoit été obligé d'attendre fa gue-
» rifon de la nature, qui l'avoit réta-
» bli par degrès. Cet homme extraor-
» dinaire étoit né à la Jamaïque, d'un
» pere Ecoffois & d'une mere Mof-
» quite.

Le Journal de M. Rytwood, étoit celui d'un homme de mer, qui s'attache plutôt à la pofition des lieux, à la defcription des Côtes, des Ports, des Bayes, & des Parages, qu'à l'Hiftoire phyfique ou morale des païs qu'il vifite. Cependant je tombai fur divers traits curieux, dont il m'accorda la communication. Je n'en rapporterai qu'un, dont l'exemple m'a paru fingulier pour l'utilité du commerce. Après avoir paffé quelque tems dans un Port de Californie, les deux Vaiffeaux remirent à la voile, fortifiés de deux autres Bâtimens Anglois qui s'étoient joints à eux. Deux mois de navigation continuelle leur firent trouver la fin de leurs vivres, jufqu'à forcer les Capitaines de réduire leurs gens au quart de leur nourriture ordinaire. Ils étoient dans cet embarras, lorsqu'ils découvrirent les Isles des Larrons. L'Angleterre étant en guerre avec l'Espagne, ils prirent des Pavillons François & Espagnols pour s'approcher de l'Isle de Guam, où la nécessité les forçoit de prendre des rafraîchissemens à toutes sortes de prix. Entre plusieurs Chaloupes qui vinrent au-devant d'eux, & qui se nomment *Param* dans ce quartier du monde, il en parut une qui étoit envoyée par le Gouverneur Espagnol, pour sçavoir d'eux qui ils étoient & ce qu'ils désiroient; ils retinrent les deux principaux Officiers de cette Députation, & firent partir dans le Param leur interprete, avec cette Lettre au Gouverneur.

» M. nous sommes des Sujets du
» Roi d'Angleterre, que la disette
» d'eau & de vivres oblige de s'arrêter
» dans votre Isle en allant aux Indes
» Orientales. Quoique la guerre soit
» allumée dans l'Europe entre nos Maî-
» tres, notre intention n'est pas de
» vous nuire, parce que nous n'avons
» point d'autres vûës que celles du com-
» merce, & que notre situation, d'ail-
» leurs, nous ôte l'envie de nous bat-

» tre. Nous payerons argent comptant,
» ou par des équivalens de marchan-
» dise à votre choix, toutes les provi-
» sions dont nous avons besoin. Cepen-
» dant, si vous abusez de l'embarras
» où nous sommes, & qu'après une de-
» mande si polie vous nous refusiez ce
» qui nous est nécessaire, notre déses-
» poir nous fera trouver les moyens
» de nous en ressentir. Nous nous re-
» commandons à votre humanité & à
» votre honneur, en vous assurant que
» vous pouvez vous fier entiérement à
» vos très-humbles Serviteurs, &c.

Le Gouverneur, qui se nommoit Dom Juan Antonio Pimentel, ne demanda qu'un moment pour faire cette réponse :

» Messieurs, je reçois de vous une
» Lettre fort civile, dont le Porteur
» m'apprend l'extrêmité où vous êtes
» réduits. Je vous réponds avec la mê-
» me civilité ; & je vous offre tout ce
» que je puis pour votre secours. Mais
» je dois vous avertir que nous avons
» ici une maladie fort violente, qui
» a mis au tombeau une partie de nos
» Habitans. Quoique vous soyiez nos
» ennemis, je crois que dans l'état où

» nous sommes de part & d'autre, nous
» ne devons nous considerer que sous
» la qualité d'hommes, & que les de-
» voirs que nous avons à remplir sont
» ceux de l'humanité. Si vous avez
» des Prisonniers Espagnols, vous
» trouverez bon seulement de me les
» remettre, & je vous accorderai tous
» les rafraîchissemens que vous desirez
» de votre très-humble, &c.

Sur ces assurances les quatre Anglois ne firent pas difficulté de jetter l'ancre, & d'envoyer plusieurs de leurs Officiers au Port d'Umatta. On les y traita si honnêtement, que la confiance étant absolument établie, ils employerent huit jours à se procurer toutes sortes de rafraîchissemens. Mais ce qu'il y eut de plus extraordinaire, c'est que dans la satisfaction mutuelle des deux partis, le Gouverneur, & les principaux de ses Espagnols, s'étant assemblés, de concert avec les Officiers de l'Escadre Angloise, ils convinrent de se donner mutuellement un Certificat de politesse & d'humanité. Voici les termes de celui des Anglois:

» Nous Commandans, & princi-
» paux Officiers de quatre Vaisseaux

» d'Angleterre, reconnoiſſons ici qu'en
» arrivant à l'Iſle de Guam, dans la
» néceſſité d'un prompt ſecours de vi-
» vres, nous avons trouvé le plus
» honnête & le plus généreux accueil
» dans la bonté de l'honorable Dom
» Juan Antonio Pimentel, Gouver-
» neur & Capitaine Général des Iſles
» Marianes, qui nous a fourni, avec
» diligence, tout ce que nous avons de-
» ſiré ; & pendant le ſéjour que nous
» avons fait dans ſon Port, nous a
» traité avec beaucoup d'amitié. En
» reconnoiſſance, nous lui avons don-
» né toute la ſatisfaction, & fait tous
» les préſens que nous avons crû lui
» devoir ; de quoi il a paru ſi content
» qu'il nous en a donné une atteſta-
» tion ſignée de ſa main ; comme cel-
» le-ci l'eſt auſſi de la nôtre. William,
» Dampier, Robert-Fry, William-
» Stretton, Thomas-Dover, Woodes-
« Rogers, Stephen-Courtney, Ed-
» ward-Cooke, Elias-Rytwood.

De la part des Eſpagnols : » Nous,
» &c. certifions que quatre Vaiſſeaux
» Anglois, commandés par les Capi-
» taines Rogers, Courtney, Dover,
» & Cooke s'étant preſentés à l'Iſle

» de Guam dans un grand besoin de
» provisions, & nous ayant demandé,
» avec beaucoup de civilité, de leur
» en accorder autant qu'il nous seroit
» possible ; ils en ont reçu de nous
» comme ils le désiroient, les ont
» payées plus du double de leur va-
» leur, & se sont conduits avec tant
» d'honnêteté que nous leur en don-
» nons volontiers cette attestation si-
» gnée de notre main. Dom Juan An-
» tonio Pimentel, Gouverneur & Ca-
» pitaine Général, Dom Juan Anto-
» nio Prettana, Dom Sebastian Luiz
» Romez, Dom Nicolas de la Vega,
» Dom Juan Nunez.

Toutes les Cartes se trompent, suivant le Journal de M. Ritwood, sur la position des Isles Marianes, ou des Larrons ; il place l'Isle de Guam au 13 degré 30 minutes de latitude du Nord, & au 100 degré 20 minutes de longitude depuis le Cap Saint Luce en Californie. On ne compte pas moins de 2300 lieues de la nouvelle Espagne aux Isles des Larrons ; mais les vents de commerce durent si constamment entre les Tropiques, que cette longue course est aisée, & se fait ordinairement dans l'espace d'environ 60 jours.

Les Espagnols de Guam raconterent à à M. Rytwood, qu'un de leurs vaisseaux, faisant voile de Manille à la nouvelle Espagne, découvrir plusieurs Isles extrêmement agréables, & fort abondantes en or, en ambre gris, &c. Ils les nommérent *Isles de Salomon*. Dans la suite ils ne manquérent pas d'envoyer plusieurs Vaisseaux pour les retrouver; mais toutes leurs recherches ont toujours été sans fruit; & plusieurs Chaloupes, ou *Params*, qui ont crû pouvoir tenter la même entreprise, ont disparu, sans qu'on en ait jamais entendu parler. On a placé ces Isles, dans les Cartes Espagnoles, au 15 degré 20 minutes de latitude du Nord, trois cens lieues à l'Est des Isles Marianes.

Le même Vaisseau qui les avoit découvertes, ayant besoin de se lester, prit, dans une de ces Isles, de la terre & des pierres pour s'en servir à cet usage. Lorsque le Vaisseau fut arrivé au Port d'Acapulco, & qu'on voulut le mettre en meilleur ordre, on découvrit que les pierres s'étant brisées dans plusieurs endroits, par l'agitation de la Mer, il y paroissoit des veines d'or très-pur. Mais l'étonnement fut bien plus vif pour ceux qui, visitant le foyer de la cuisine, qu'on avoit été obligé de réparer avec de la terre du même lieu, ils trouvérent un lingot d'or qui s'étoit fondu & réduit en masse par la chaleur continuelle du feu. C'est au Lecteur à juger de la vraisemblance de ces deux faits sur le témoignage des Espagnols. M. Rindekly & moi, qui nous étions familiarisés en Afrique avec les événemens de cette nature, nous comprîmes du moins que le recit qu'on avoit fait à M. Ritwood n'étoit pas impossible.

Mais ce que je tirai de plus utile & de plus remarquable du Journal de M. Ritwood fut une Table de la latitude & de la longitude des principaux Ports, Isles, Rivieres, Bayes, Caps, & autres lieux remarquables de la Côte Occidentale de l'Amérique dans la Mer du Sud, depuis la Californie au Nord jusqu'au détroit de Magellan au Sud. Je le donnerai ici d'autant plus volontiers, que la mort de M. Rytvood semble m'en laisser la liberté; & qu'en joignant ces importantes observations à la *Description des Côtes de la Mer du*

Sud, qui fut publiée à Londres il y a vingt ans, il ne manquera rien aux Géographes pour faire une Carte exacte de toutes ces Côtes. On place à l'ordinaire le premier Méridien à la pointe la plus Occidentale de la grande Canarie.

	Latit.		Longit.	
	D.	M.	D.	M.
La Californie,	24	40	255	15
Sa Pointe Orientale,	24	4	258	15
Cap Saint-Luc,	25	30	259	50
Derniere Pointe du Continent,	24	40	260	55
Riviere de la Salle,	23	30	262	16
Las Chamitas,	22	55	262	48
Riviere de Saint-André,	22	30	264	8
Isles des Trois Maries,	22	7	264	14
Riviere de San-Milpa,	22	5	264	23
Boca de las Higueras,	21	32	264	38
Punta de la Cruz,	21	26	264	16
Isle de Calisto,	20	10	264	22
Cap Corrientes,	20	20	265	20
Juan Ballegas,	20	28	265	50
Cabo de los Angelos,	20	20	266	
Nouvelle Gallice,	20	25	266	26
Puerto de la Navidad,	20	10	266	40
Baye de Santiago,	20	4	266	8
Riviere de S. Pierre,	19	52	267	30
Riviere d'Aculima,	19	30	267	50
Riviere de Sacatula,	18	40	269	16
Isle de Ladrillos,	17	52	270	5
Riviere de Gariotas,	17	40	270	24

	Latit.		Longit.	
	D.	M.	D.	M.
Pointe de Siguantanejo,	17	20	270	4
Riviere de Piticalla,	17	15	270	55
Riviere de Mitala,	17	8	271	28
Riviere de Sitala,	17	40	272	4
Port d'Acapulco,	17		272	4
Rio de Pescadores,	17		272	45
Rio de Dom Garcia,	15	45	273	
Punta de la Galera,	16	8	273	42
Rio Verde,	16	8	273	45
Mont de Talcamanca,	16		273	55
Puerto Escondido,	15	50	274	32
Isle de la Brea,	15	40	274	45
Riviere de Milcas,	15	38	275	
Riviere de la Galera,	15	36	276	6
Porto Angeles,	15	26	276	6
Riviere de Carasco,	15	18	276	18
Riviere Dicilo,	15	20	276	40
Porto Aguatulco,	15	36	276	25
Pointe de Masatetlan,	15	30	277	46
Isle d'Hata,	15	30	277	26
Las Salinas,	15	42	278	26
Baye de Teguantepeque,	15	50	278	46
Barra de Macias,	15	20	278	46
Morro,	14	56	279	47
Cerro de la Encomienda,	14	58	280	
Montbrulant de Soconusco,	14	51	280	36
Baye de Milpas,	14	51	281	7
Riviere d'Anabasos,	14	29	202	20
Riviere de Sapoitlan,	14	40	281	49
Bar d'Istapa,	14	24	282	56
Rio Grande,	14	20	283	40
Riviere de Motualpe,	14	7	284	
Port de Sonsonate,	14		284	53

	Latit.		Longit.	
	D.	M.	D.	M.
Côte de Tonela,	13	50	285	22
Riviere de Lampa,	13	10	286	30
Riviere de S. Michel,	12	45	287	46
Baye de Candadilla,	12	38	287	46
Golphe d'Amapala,	12	20	288	8
Porto Realejo,	12	30	288	48
Punta del l'Esto,	11	40	289	
Baye de Tosta,	11	30	290	10
Golphe del Papayot,	11	10	290	37
Pointe Sainte Catherine,	10	34	288	48
Port Delas,	10	30	289	
Morro Hermoso,	9	17	290	10
Capo Blanco,	9	20	290	17
Morro de la Ensenada,	10	10	291	20
Baye de Nicoya,	9	18	291	49
Port de Caldera,	9	43	292	27
Rio de la Estrella,	9	8	292	47
Puerto del Bigles,	9		293	
Isle de Cano,	8	45	293	30
Golfo Dolce,	8	47	293	5
Port Limones,	8	17	294	10
Riviere de Chiriqui,	8	37	295	
Pueblo Nuevo,	7	22	295	40
Isle de Quicara,	7	41	295	
Baye de Philippinas,	7	12	296	40
Pointe de Higuera,	7	21	297	44
Riviere de Mensave,	8	47	297	40
Riviere de Covita,	8	1	298	35
Riviere de Parita,	8	11	298	36
Riviere de Nata,	8	26	298	37
Port de Villa,	8	28	299	58
Riviere de Caymito,	9	9	299	30
Isle d'Otoque,	8	30	299	37
Isle de Tabuga,	8	40	299	40

DE ROBERT LADE.

	Latit.		Longit.	
	D.	M.	D.	M.
Anſon,	8	55	299	50
Panama,	9		300	36
Chepillo,	9		301	1
Pointe des Manglares,	8	53	300	23
Iſle de Contadora,	8	46	300	32
Iſle del Rey,	8	10	300	5
Cap S. Laurence,	8	10	300	58
Rivor Congo,	7	53	301	43
Baye de S. Michel,	8	18	301	20
Morro Quemado,	6	45	301	19
Puerto Claro,	6	46	301	37
Baye de S. François,	5	50	301	50
Baye de S. Antoine,	6	20	302	
Port des Indiens,	6	14	302	2
Côte d'Anegabas,	6	55	302	3
Riviere de Sandi,	5	35	302	5
Iſle de Coco,	5	9	299	8
Riviere de Noamas,	4	38	302	23
Buena Ventura,	4		302	50
Iſle de Malpelo,	4		299	46
Riviere de Piſco,	3	45	302	39
Iſle Gorgona,	3	15	301	36
Iſle del Gallo,	2	17	300	40
Baye & Riviere de Mira,	1	57	300	26
Iſle de Gorgonilla,	1	58	300	25
Riviere de Santiago,	1	14	299	30
Cap S. François,		50	299	57
Riviere Juma,		5	298	44
Cap Paſſado au Sud,		8	298	32
Baye de Caraſcas,		28	298	43
Baye de Manta,		50	298	31
Iſle de Plata,	1	15	298	15
Iſle de Salango,	1	40	298	25
Riviere de Coloncha,	2		298	18

	Latit.		Longit.	
	D.	M.	D.	M.
Boca Chica,	2	40	299	
Baye de Chanduy,	2	26	299	
Isle de Puna,	2	54	299	10
Isle de Santa Clara,	3	23	298	50
Isle Verde,	2	26	299	48
Riviere del Bucy,	3	40	299	20
Mancora,	4	10	298	17
Isle Lobos de Paita,	5	25	298	40
Riviere de Sana,	6	40	299	37
Port Cheripe,	7		299	50
Malabrigo,	7	30	300	18
Guanchaco,	8		300	50
Port & Isle Santa,	9		301	2
Guambacho,	9	20	301	20
Casma,	9	28	301	30
Bermejo,	9	40	301	38
Isle de Sangalla,	14	5	302	35
S. Nicolas,	15	6	304	40
S. Jean,	17	15	304	15
Isle de Guana,	16	40	308	9
Port Arica,	18		311	8
Algodovales,	21	30	311	15
Port Beras,	24	45	311	42
Port Guasco,	28	30	311	3
Isle de Paxaros,	29	46	310	10
Coquimbo,	30		310	46
Isle de S. Felix,	26	15	303	15
Riviere de Conchali,	21	26	310	50
Port Guillermo,	31	41	311	
Papudo,	32	25	311	29
Port S. Antoine,	33	29	311	8
Topocalma,	34		310	57
Riviere de Maule,	35		311	30
Port de la Conception,	36	30	311	20

	Latit.		Longit.	
	D.	M.	D.	M.
Isle de Quiriquina,	36	42	311	10
Isle de Jean Fernandez,	33	50	305	17
Isle de Sainte Marie,	37	14	311	
Isle de Mocha,	38	28	310	46
Riviere de Tolten,	39	12	311	21
Valdinia,	40		311	10
Rio Bueno,	40	20	311	17
Pointe Cilan,	42		311	
Isle de Guafo,	44	20	310	46
Corcobado,	43	30	313	
Cap Corzo,	46	35	312	22

Les deux Couronnes jouissant d'une paix bien cimentée durant la Régence, nos Vaisseaux & nos Marchands étoient aussi libres à la Martinique que dans nos Isles; M. Rytwood ne faisoit pas moins de commerce avec les François qu'avec la Jamaïque & la Barbade : & c'étoit précisément cette raison qui nous avoit fait penser à lui confier une partie de nos perles, dans l'esperance qu'il lui seroit aisé de les faire passer en France, où notre dessein étoit de faire valoir cette partie, comme nous destinions l'autre pour l'Angleterre. La probité de cette honnête Négociant étoit aussi bien établie que sa fortune. Aussi avions nous conçu qu'il me suffiroit de lui expliquer nos intentions : mais il y trouva des difficultés. Comme il ne pouvoit embarquer nos richesses à la Martinique sans la participation des Officiers de la Douanne, il me fit craindre que des Effets si peu ordinaires dans le commerce des deux Nations, ne fissent naître quelques obstacles qui entraîneroient des explications dangereuses. Nous n'étions pas bien avec l'Espagne : on pouvoit soupçonner naturellement que nos perles étoient la dépouille de quelque Vaisseau Espagnol ; & la France qui s'étoit reconciliée depuis peu de tems avec cette Couronne évitoit toutes les occasions de se mêler dans notre querelle. Enfin M. Rytwood me déclara qu'il ne répondoit point du sort de nos perles lorsqu'elles seroient sorties de ses mains. Je fus effraié de cette déclaration, & je pris le parti de remporter mes perles à la Barbade.

M. Rindekly me reprocha beaucoup d'avoir été trop timide, & nos Correspondans de Bridgetown nous prouverent par quantité d'exemples que les François étoient fort éloignés d'avoir des complaisances excessives pour les Espagnols. Nos trois caisses n'en demeurerent pas moins à la Barbade, comme si le Ciel qui ne vouloit pas que ce Tresor arrivât jamais en Europe nous eût coupé la voie la plus sûre pour l'y faire transporter.

Il y avoit trois semaines que nous étions à Bridgetown, & la crainte que nous avions eûë d'être recherchés par les Espagnols ne pouvant plus nous causer d'inquietude, nous remîmes à la voile pour nous rapprocher du continent. M. Rindekly m'avoit fait l'ouverture de ses nouveaux desseins; il vouloit gagner le Rio de la Hacha, sous les mêmes prétextes qui nous avoient heureusement reussi dans l'Isle de Cube, & remonter s'il étoit possible jusqu'à Rancherias, où il y avoit peu d'apparence que dans la saison où nous étions, nous pussions rencontrer beaucoup d'obstacles de la part des Espagnols. La Marguerite n'étoit rien en comparaison des esperances qu'il se formoit à Rancherias, non seulement pour les perles dont on prétend que la pêche y est fort abondante, mais pour l'or même qui s'y rassemble de diverses parties de ces riches Provinces. Nous rentrâmes dans la Mer du Nord, & nous avions deja passé les petites Antilles, lorsqu'en doublant le Cap de Vela nous apperçumes trois Gardes-Côtes qui nous avoient decouverts avant que nous les eussions observés, & qui vinrent à notre rencontre avec toutes leurs Voiles. Il ne falloit rien esperer de la force contre trois Vaisseaux si bien armés. M. Rindekly recommanda soigneusement à tout l'Equipage de s'observer dans les discours, & d'éviter particulierement les détails qui auroient rapport à la Marguerite. Ensuite loin de faire voir de la défiance ou de la crainte, il se mit dans la Chalouppe avec quatre hommes seulement, pour aller au devant de nos Ennemis. Ils le reçurent à bord. Pendant plus d'une heure nous fûmes incertains de la maniere dont il y étoit traité ; mais les trois Gardes-Côtes s'étant approchés de nous à la portée du Canon, nous vîmes descendre plusieurs Espagnols dans leurs propres Chaloupes avec lesquels ils arriverent promptement à nous. Nous ne leur disputâmes rien.

Ils monterent dans notre Vaisseau au nombre de douze, & s'arrêtant peu aux politesses avec lesquelles je les reçus, ils examinerent avec soin l'état de nos forces & la nature de nos provisions. Dans quelques discours qui leur échapperent j'entrevis autant de chagrin que de soupçons. Cependant après avoir fini leurs recherches, ils dépêcherent deux de leurs hommes dans une Chaloupe pour aller rendre compte apparemment de leurs observations à leurs Chefs. Tout notre Equipage murmuroit interieurement de cet air d'autorité, & mon principal soin étoit de le contenir : mais ne pouvant douter que M. Rindekly n'eût donné le tour le plus favorable à notre Commission, je supportois tranquillement des hauteurs qui pouvoient n'être que l'effet ordinaire du caractere Espagnol. M. Rindekly m'envoya aussi-tôt par un de ses gens l'ordre de le suivre. J'appris de son Messager qu'on ne lui avoit fait aucune violence. Mais les Capitaines Gardes-Côtes affectant de ne se pas fier à ses Passeports & à sa commission lui avoient déclaré qu'il falloit demeurer dans leur bord jusqu'à Carthagene, & M. Rindekly loin d'en marquer du chagrin leur avoit témoigné que dans le deſſein où il étoit d'y aller volontairement, il acceptoit volontiers leur compagnie & leur eſcorte.

Ce contretems ne pouvoit avoir apparemment d'autre effet que de nous ôter le pouvoir d'aller à la Hacha, car nous ne devions pas eſperer de ſortir de Carthagene ſans être obſervés, mais la direction de notre route étoit un ſoin qui n'appartenoit point aux circonſtances. Nous ſuivîmes la loi de nos Guides juſqu'à Boca-chica, d'où ils donnerent avis au Gouverneur de notre arrivée & de nos intentions. On nous apporta la permiſſion d'entrer dans le Port, mais celle de débarquer ne fut accordée qu'au Capitaine avec quatre perſonnes de l'Equipage. Ces précautions nous ſurprirent peu. M. Rindekly me pria de demeurer à bord; mais le déſir de vérifier par mes propres yeux la deſcription que j'avois de Carthagene me fit ſouhaiter de gagner le rivage avec lui. Je n'oubliai point mon Journal, qui commençoit à groſſir par le peu d'ordre que j'avois mis juſqu'alors dans mes Relations. On nous épargna le soin de nous procurer un logement en nous conduisant dans une grande maison d'où l'on nous déclara que nous ne devions point sortir sans l'ordre du Gouverneur : on ajoûta que tout ce qui seroit nécessaire pour les besoins de la vie, nous seroit fourni soigneusement à juste prix. Dès le premier jour, qui nous fut accordé pour nous reposer, un jeune Espagnol qui s'introduisit dans la chambre de M. Rindekly, se jetta à ses genoux pour le supplier de le recevoir dans notre Vaisseau & de le transporter dans quelqu'une de nos Colonies. J'étois présent à cette priere, je demandai au jeune homme s'il avoit formé seul ce dessein ; il me confessa en rougissant qu'il devoit être accompagné d'une Demoiselle qui l'aimoit assez pour le suivre. Le service qu'il désiroit de nous devenant beaucoup plus important par cet aveu, nous lui en représentâmes le danger : mais il ne nous répondit que par de nouvelles instances ; & pour nous attendrir en sa faveur, il nous raconta l'histoire de ses amours. Sa Maîtresse se nommoit Helena Parez : elle étoit fille unique d'un pere fort riche, qui la persecutoit depuis deux ans pour lui faire épouser un homme qu'elle haïssoit. Leur amour avoit commencé dès l'Enfance, & quoiqu'il n'eût point autant de biens qu'Helena, sa naissance & sa fortune n'étoient pas méprisables. Il s'étoit fait proposer à Parez pour épouser sa fille ; mais ce pere dur & opiniâtre avoit juré de suivre son premier choix. Dans l'intervale, Helena s'étoit liée à lui par tant de sermens & par les marques d'une si forte tendresse qu'il ne manquoit à leur mariage que la bénédiction du Prêtre. Ils s'étoient vûs avec des peines & des risques infinis, tantôt sortant la nuit pour la passer exposés à toutes les injures de l'air, tantôt escaladant les murs & les maisons pour s'introduire dans un appartement, & n'ayant mis jusqu'alors personne dans leur confidence. Enfin les persécutions du pere redoublant tous les jours, ils étoient persuadés qu'il ne leur restoit point d'autre ressource que la fuite ; & leur espérance étoit, qu'après s'être mis en sureté ils se reconcilieroient aisément avec un pere qui n'avoit rien après tout de si cher que sa fille ; ou s'ils y trouvoient trop de difficultés, ils étoient resolus de s'établir dans le premier lieu où leur amour ne seroit point traversé. M. Rindekly, qui avoit le cœur fort sensible, étoit porté à les satisfaire, en prenant de justes mesures pour assurer leur évasion : je n'en aurois pas été plus éloigné que lui, si j'y eusse vû la moindre facilité. Mais quelle apparence de leur rendre ce service, lorsqu'à-peine étions-nous sûrs de notre propre liberté. Cependant après en avoir conféré quelques momens, nous promîmes au jeune homme que s'il pouvoit gagner le bord de la Mer avec sa Maîtresse & nous joindre à la sortie du Port, nous ne ferions pas difficulté de le recevoir. Il parut transporté de notre promesse. Je le fis souvenir que dans une entreprise de cette nature, il ne falloit pas croire que les secours étrangers fussent toujours certains ; nous n'avions point en Amérique de demeure fixe où nous pussions lui offrir les nôtres, & nous ne lui repondions pas que dans le lieu de sûreté où nous nous engagions à le

conduire, il trouvât dans la liberalité d'autrui de quoi fournir à l'entretien de deux jeunes fugitifs qui n'avoient point d'autre justification que la force de l'amour. Ce langage étoit assez clair pour lui faire entendre qu'il ne devoit pas partir sans précautions: mais il n'avoit pas attendu jusqu'alors à les prendre. Il nous dit que si l'honneur & ses propres vûes lui eussent permis de profiter des offres d'Helena, il étoit sûr de pouvoir se mettre en possession tout d'un coup & de sa Maîtresse & d'une grande partie du bien qu'elle attendoit de son pere. Comme elle disposoit de tout dans sa maison, elle pouvoit à tous momens se saisir de l'argent de Parez & de ce qu'il avoit de plus précieux. Mais dans la résolution où il étoit de revenir à lui par la soumission, il ne vouloit pas lui donner de si odieux sujets de plainte. Il pouvoit faire sur le champ une somme considerable de son propre bien, & se mettre pour longtems à couvert de toutes sortes de besoins. Des sentimens si raisonnables acheverent de nous disposer à le servir: nous lui laissâmes le soin de ses préparatifs, & surtout de
prendre

prendre des voies sûres & tranquilles pour joindre furtivement notre Vaisseau. Je le priai même, après lui avoir engagé notre parole, de ne pas se montrer dans notre logement pendant le sejour que nous ferions à Carthagene.

Le lendemain deux Officiers du Gouverneur étant venus nous prendre dans un de ses Carosses, nous fûmes conduits au Château où l'on nous fit attendre fort longtems son audiance. Après nous avoir fait introduire avec beaucoup de formalités, il nous demanda la lecture de notre Commission, dont les Capitaines Gardes-côtes lui avoient déja fait le rapport. M. Rindekly la lut en Anglois, & commençoit ensuite à l'expliquer en Espagnol ; mais quoiqu'on ne l'eût point interrompu dans sa lecture, un Interpréte qui accompagnoit le Gouverneur, le pria de lui laisser ce soin. Il en fit sur le champ une traduction fort fidelle, tandis que le Gouverneur affecta de nous faire plusieurs questions indifférentes, auxquelles nous repondîmes avec le même air de liberté. Prenant ensuite la traduction des mains de son interpréte, il la lut & la relut avec beaucoup d'attention. Elle étoit si claire que nous fûmes surpris qu'elle parût l'arrêter. M. Rindekly profita de son silence pour lui repréfenter de bouche ce qui n'étoit qu'imparfaitement dans la Commiſſion. Il lui fit le dénombrement de nos pertes depuis plusieurs années, & sans vouloir juſtifier les Anglois qui avoient été surpris plusieurs fois dans le commerce clandeſtin des Chaloupes, il se plaignit que sous ce prétexte les Espagnols avoient non seulement insulté, mais saisi un grand nombre de nos Vaisseaux. Nous mêmes, qui étions chargés d'une Commiſſion publique, ne venions-nous pas d'être arrêtés par les Gardes côtes? L'air d'empire & de triomphe avec lequel on nous avoit conduits jusqu'à l'entrée du Port n'étoit-il pas une véritable oppreſſion ? Enfin pour donner plus de poids à nos plaintes, M. Rindekly nomma plusieurs Bâtimens dont il demandoit expréſſement la reſtitution, & particulierement un Vaiſſeau de l'Iſle d'Antego, qui avoit été pris trois mois auparavant à la hauteur de San-Antonio,

La réponse du Gouverneur fut si courte, & ses regards si sombres pendant toute l'audiance, que cet accueil nous auroit rendu ses intentions suspectes si l'on avoit pu trouver sur nous ou dans notre Vaisseau quelque prétexte pour nous chagriner. Mais dans la confiance que nous avions au bon ordre de nos affaires, nous lui fîmes de nouvelles plaintes de la froideur avec laquelle il s'expliquoit sur le sujet de notre voyage, & nous le priâmes, avec beaucoup de hardiesse, de considerer que les Anglois ne seroient pas toujours disposés à souffrir les injustices & les violences des Espagnols. Il ne fit point un mot de réponse à ce reproche ; mais en nous congediant d'un air plus ouvert, il nous assûra que dans l'espace de vingt quatre heures nous connoîtrions ses véritables sentimens.

Nous sortîmes plus contens qu'il ne se l'imaginoit. Il suffisoit pour nous, qu'il eût écouté nos représentations, & que nous pussions tirer de cette audiance un nouveau droit ou plutôt de nouvelles facilités pour l'execution de nos projets. Mais nous ne nous étions pas défiés depuis que nous étions sortis de notre Vaisseau, que par l'ordre du Gouverneur on avoit fait une très rigoureuse visite de notre cargaison. Les Gardes-côtes retenus dans quelque respect par les premiers discours de M. Rindekly n'avoient osé pousser trop loin leurs recherches; mais à notre arrivée ils avoient averti le Gouverneur que nous étions chargés d'eau de vie & d'ustenciles. Quoique ces marchandises ne soient pas d'un grand usage dans la Baye de Carthagene ni sur la côte où nous avions été surpris, ce n'étoit pas sans dessein que nous les avions apportées. Nos gens qu'on avoit interrogés, ne s'étoient défendus qu'en protestant qu'ils ignoroient celui du Capitaine, & que nous étions partis de nos Isles dans la seule vûë d'éxecuter notre Commission. Cette réponse à laquelle nous leur avions recommandé de se borner, avoit si peu satisfait les Espagnols, que pendant l'audiance du Gouverneur on étoit entré dans notre logement par son ordre, & l'on avoit visité fort curieusement nos papiers. Heureusement que dans ceux de M. Rindekly auxquels on s'étoit attaché plus particulierement; il ne s'étoit trouvé que des observations sans datte sur les moüillages & sur les Côtes. Comme il se reposoit du reste sur mon Journal, il ne jettoit sur le papier que ce qui avoit rapport à la Navigation ; & ses mémoires, suivant l'ordre des lieux plutôt que de celui des jours, pouvoient passer pour le fruit d'un autre voïage, dans tout autre tems qu'il nous auroit plû d'imaginer. La même précaution qui m'avoit fait prendre mon journal en sortant du Vaisseau, m'avoit porté à le mettre dans ma poche en allant à l'audiance. Tout ce que les Officiers du Gouverneur avoient découvert de plus, se reduisoit à des calculs de dépense, & à quelques évaluations où notre or & nos perles étoient nommés. Ce qui suffisoit pour faire naître des soupçons, n'étoit pas capable de donner des lumieres qui pussent nous être nuisibles. Aussi n'avoit-t-on pris aucun de nos papiers, & nous n'apprîmes avec quelle curiosité on les avoit lûs que par le Mulâtre qui nous servoit depuis que nous l'avions amené de la Havana.

Cependant, comme il n'en falloit pas davantage pour nous faire juger du moins que nous étions suspects, nous attendîmes impatiemment la réponse du Gouverneur. Il se passa deux jours entiers, pendant lesquels nous demandâmes envain la liberté de voir la Ville; le troisiéme jour au matin, les mêmes Officiers qui nous avoient conduits à la premiere Audiance vinrent nous prendre dans le même Carosse. Nous trouvâmes au Gouverneur un visage plus tranquille. Il nous dit à peu près dans les mêmes termes que celui de la Havana, qu'il ne connoissoit point, dans la conduite des Espagnols, d'injustices ni de violences dont les Anglois pussent se plaindre; que les Gardes-Côtes, & les autres Vaisseaux d'Espagne, ne faisoient rien que par les ordres du Roi leur Maître, & dont on ne prît soin d'envoyer des Mémoires fidéles à la Cour de Madrid; que c'étoit-là que nous devions faire entendre nos justifications, ou nos plaintes; mais qu'il doutoit qu'elles y parussent fort justes aussi long-tems; que celle de Londres n'arrêteroit pas les scandaleuses entreprises des Anglois contre les articles les plus formels du Traité. Il ajoûta que ſes pouvoirs ne s'étendant pas plus loin, il ne pouvoit nous offrir avec cela que la liberté de partir.

Nous ſentîmes combien il ſeroit inutile, & pour l'interêt de notre Nation, & pour le nôtre, d'inſiſter ſur nos demandes. Mais après que nous eûmes pris congé de lui, il nous fit rappeller, & s'étant fait attendre aſſez long-tems dans une Salle où l'on nous laiſſa ſeuls, nous commençâmes à craindre, qu'après nous avoir expediés aſſez civilement en qualité de Miniſtres publics, il ne revînt à nous faire quelque mauvaiſe querelle ſur notre cargaiſon & nos papiers. Il nous parla effectivement de l'un & de l'autre, mais ſans y joindre aucun reproche ; & paſſant tout-d'un-coup au deſſein qu'il avoit, & qu'il ſe flattoit, nous dit-il, que nous ne condamnerions pas, de nous faire eſcorter par ſes Gardes-Côtes juſqu'à la Jamaïque, où il ne doutoit pas que nous n'allaſſions porter directement ſa réponſe ; il nous fit comprendre fort clairement que cette précaution venoit de sa défiance, & que son dessein même étoit de nous la faire sentir. M. Rindekly, mortifié de voir toutes nos espérances reculées par ce contre-tems, crut se tirer d'embarras en répondant que les ordres dont il étoit chargé l'obligeoient d'aller à Porto-Bello. Je ne m'y opposerai point, reprit le Gouverneur, quoique je puisse vous assurer d'avance que la réponse que vous y recevrez sera conforme à la mienne; mais l'escorte que je vous donne ne vous sera pas moins utile pour cette route, & servira même à vous faire prendre la plus courte & la plus sûre. Cette raillerie acheva de nous faire pénétrer ses intentions. Nous consentîmes, sans repliquer, à ce qui pouvoit nous arriver de plus fâcheux.

Mais le plus malheureux dans cette avanture, étoit le jeune Espagnol qui s'attendoit à nous suivre. Il sçut bientôt, par le bruit public, que nous devions être accompagnés des Gardes-Côtes; & dans un désespoir qui ne lui permettoit plus de rien ménager, il vint, les larmes aux yeux, nous apporter ses plaintes. Il ne nous restoit que de la compassion à lui offrir. Cependant, à force de raisonner sur sa situation, l'amour lui fit naître un expedient qui ne nous parut pas sans vraisemblance, & pour lequel nous ne lui refusâmes point notre secours. Ses vuës demandoient de la hardiesse ; mais les Amans de cet âge la poussent toujours jusqu'à la témérité. Il lui vint à l'esprit, que ne devant pas craindre qu'on recommençât la visite de notre Vaisseau en sortant du Port, il pouvoit s'y rendre avec sa Maîtresse, dès la nuit suivante ; & que de quelque maniere qu'on pût expliquer leur fuite, on s'imagineroit d'autant moins qu'ils nous eussent suivis, que le voyage que nous allions faire à Porto-Bello, & la compagnie des Gardes-Côtes, ôteroient toute vraisemblance à cette supposition. Il se flattoit de demeurer caché dans le Vaisseau sous quelque déguisement. Enfin il comptoit encore plus sur notre inclination à l'obliger, dont nous lui avions déja donné des marques.

Les circonstances rendoient sa proposition fort dangereuse. Cependant la bonté de notre cœur l'emporta. Je me souvins de mes filles, & ma tendresse agissant avec plus de force dans l'éloignement, je sentis que j'aurois voulu les rendre heureuses à toutes sortes de prix. La seule restriction que nous mîmes à nos promesses, regarda la maniere d'arriver au Vaisseau. Nous consentions à recevoir les deux Amans; mais nous ne voulions pas contribuer à leur fuite, ni qu'on pût même nous accuser d'avoir favorisé leur départ. Spallo, c'est le nom que le jeune homme voulut se donner en quittant Carthagéne, ne nous fit ses adieux que jusqu'à la nuit suivante, & partit charmé de l'interêt que nous prenions à sa fortune.

Nous regagnâmes notre Bord à l'entrée de la nuit, sans avoir vû Carthagéne autrement que par nos fenêtres. Les trois Gardes-Côtes étoient à l'ancre si près de notre Vaisseau, qu'on s'entendoit de leurs bords au nôtre, sans effort pour prêter l'oreille. Nous convînmes de partir au premier vent qui favoriseroit la sortie du Port. Une partie de la nuit se passa. Au premier souffle du vent que nous attendions, les cris des Espagnols nous ayant avertis de mettre à la voile, je commençois à défefperer que nos jeunes Amans euffent trouvé le moyen de fortir de la Ville. Mais un homme de l'Equipage, que j'avois chargé de tenir les yeux ouverts de ce côté-là, vint me dire à l'oreille qu'il voyoit approcher une Chaloupe. Je tremblai qu'elle ne fût apperçue des Gardes-Côtes. L'amour la conduifoit avec fon fecours ordinaire, c'eft-à-dire avec plus de bonheur que de prudence. Je me préfentai moi-même à l'échelle, pour recevoir Spallo & fa Maîtreffe. Cette jeune fille étoit tremblante; & lorfqu'ayant mis le pied dans le Vaiffeau, fon Amant lui eût appris que j'étois leur plus ardent Protecteur, elle fe jetta fans réferve entre mes bras, pour me témoigner fa reconnoiffance dans les termes les plus paffionnés.

Je la trouvai digne du fervice que nous lui avions promis. C'étoit une brune, qui ne manquoit d'aucun des agrémens de fon fexe, & qui joignoit beaucoup de maturité d'efprit aux charmes de la jeuneffe. Quoique Spallo ne fût pas fans mérite, il me fembla fort inférieur à fa Maîtreffe, & je n'eu pas de peine à comprendre qu'il fût difposé à tout sacrifier pour elle, avec le double motif de l'amour & de l'interêt. Ils n'étoient accompagnés que d'un seul Matelot, qu'ils avoient excessivement récompensé de ses services. J'admirai, sur leur recit, que sans le secours ni la participation d'aucun Domestique, ils eussent pû transporter au rivage deux grandes malles, qui contenoient leurs habits & leur argent. Leur secret n'avoit été confié qu'au Matelot qui les avoit servis. Avec tant de prudence dans leur conduite, je ne doutai point du succès de leur entreprise. M. Rindekly les mit dans un cabinet qui touchoit à sa chambre, & par le soin que je pris de détourner les gens de l'Equipage, à peine s'en trouva-t'il quatre à qui leur arrivée ne put être cachée.

Le jour commençoit à luire lorsque nous levâmes l'ancre. Nous affectâmes, en descendant au long du Canal, de ne pas faire des observations trop curieuses; de sorte qu'après avoir demeuré quatre jours à Carthagéne, & traversé deux fois le Port, je me trouvai bien moins instruit par mes yeux que par la Relation qu'on m'avoit communiquée deux ans auparavant. La saison nous exposant beaucoup aux vents de Terre, qui sont toujours dangereux jusqu'à l'entrée du Golfe Darien, les Gardes-Côtes ausquels nous abandonnions le soin de nous conduire, nous firent prendre si fort au large que nous eûmes vers le soir la vûë de l'Isle de la Providence. Ce fut à l'occasion de cette Isle que nos deux jeunes Amans coururent un fort grand risque. Un des Capitaines Gardes-Côtes, qui nous avoit toujours traités avec beaucoup de politesse, profita du tems, qui étoit fort tranquille, pour se mettre dans sa Chaloupe, & nous surprendre dans notre Bord. Nous étions à table, au commencement de la nuit ; les deux Amans y étoient avec nous. Le Garde-Côte, s'étant fait un plaisir d'entrer dans la chambre du Capitaine, sans nous avoir fait avertir de son arrivée, prit tout-d'un-coup son sujet de l'Isle de la Providence, dont il nous dit qu'il étoit venu nous apprendre les curiosités. La vûë d'un Espagnol causa tant de fraïeur à la Maîtresse de Spallo, que les marques qu'elle en donna ne purent manquer de la trahir. Le Garde-Côte, qui avoit à peine jetté les yeux sur elle, les y fixa si attentivement qu'il la reconnut pour une femme de sa Nation. En vain M. Rindekly s'efforça de lui ôter cette idée par une Histoire feinte qu'il tira sur le champ de son imagination. Je compris qu'une fable sans vraisemblance nous deviendroit plus nuisible que la vérité, & priant le Garde-Côte de me suivre dans le cabinet, pour soulager l'embarras des deux Amans, j'entrepris de le mettre dans leurs interêts par tous les motifs qui pouvoient faire impression sur un galant homme. Sans lui parler de ce qui s'étoit passé à Carthagéne, je commençai l'Histoire de Spallo à son arrivée dans notre Vaisseau; je le priai de consulter son propre cœur, & de décider sur le parti que nous avions dû prendre à la vûë de deux jeunes gens qui s'étoient déja trop engagés en quittant leur famille, pour y reparoître sans honte, & qui n'avoient point d'autre ressource, si nous les eussions rejettez, que de se précipiter dans la Mer. C'étoit la crainte de les réduire à cet excès de désespoir qui nous avoit attendris autant que leurs prieres, & leurs larmes. Ils ne penſoient d'ailleurs qu'à ſe joindre par un mariage honnête, pour retourner auſſi-tôt à Carthagéne. Enfin les chagriner dans leur entrepriſe, c'étoit leur ôter tout à la fois l'honneur, la vie, & la fortune. Tandis que je plaidois leur cauſe auprès du Garde-Côte, il s'éleva un vent ſi furieux, que n'en ignorant point le danger dans cette Mer, il ne penſa qu'à regagner ſon Vaiſſeau, après m'avoir promis de ne pas nuire aux jeunes Amans, & de revenir pour lier connoiſſance avec eux. Mais nous ne devions pas ſi-tôt nous revoir; & lorſque nous nous croyions en ſûreté de la part de nos plus dangereux Ennemis, nous ne ſçavions pas à quel péril nous allions être expoſés.

L'orage étant devenu furieux, nous fûmes emportés toute la nuit par les vents & les flots ſans pouvoir tenir de route certaine. Au point du jour nous eûmes comme un préſage du malheur qui nous menaçoit; ce fut un météore qui s'enflamma vers la Poupe du Vaiſſeau, & qui paſſant avec beaucoup de bruit à la hauteur de nos mâts comme un dragon de feu, s'alla dissiper vers la terre que nous commencions à découvrir. Nous avions perdu la vûë des Gardes-Côtes, & nous ignorions absolument dans quel lieu nous étions. Autant que nous en pouvions juger par le vent qui étoit venu de terre, & par la connoissance des courans, qui roulent avec violence dans le Golfe de Mexiquo, nous nous crûmes dans une large Baye de ce Golfe, & la terre que nous appercevions devoit être quelque partie du Mexique. Mais notre incertitude se changea bien-tôt dans une plus juste allarme. J'apperçus de loin neuf Pirogues, qui ne me parurent d'abord que des morceaux de bois flottans sur l'eau. J'en avertis le Capitaine ; il me dit, après les avoir consiederées : si nous étions dans une autre Mer, je croirois que ce seroit une armée de Sauvages qui iroient à quelque expédition ; mais un moment après, les ayant vûs revirer, il s'écria, *pare pare le canon*, c'est un grand nombre de Sauvages. Comme ils étoient encore éloignés de nous, on eut le tems de se préparer au combat, ou de se mettre du moins en état de ne le pas craindre.

La principale des Pirogues laissant les huit autres derriere elle, vint nous reconnoître avec beaucoup de hardiesse. Elle portoit plus de cinquante Sauvages. Nous fîmes tous nos efforts pour la prendre de travers & passer pardessus ; mais ils esquivérent adroitement. Notre canon étoit braqué pour prendre la Pirogue d'un bout à l'autre, & nous en chargeâmes deux pieces d'un gros boulet, d'une chaîne de fer, de deux sacs de mitrailles, & de quantité de balles de mousquet. La moitié des Sauvages ramoit. Tous les autres tenoient chacun deux fléches sur la corde de l'arc, prêts à les décocher. Lorsqu'ils furent à la distance de quarante pas, ils poussérent de grands cris, sans paroître effrayés de la masse de notre Vaisseau, & vinrent à nous pour nous attaquer ; mais comme nous allions à eux le vent derriere, nos grandes voiles nous couvroient si bien qu'ils ne purent faire leur décharge, & l'un des deux Canoniers les voyant proches, prit si bien son tems pour mettre le feu à son canon, que le coup emporta presque la moitié des Sauvages. Si l'arriere de la Pirogue n'eut baissé, il n'en feroit pas échapé un feul. J'en vis tomber plus de vingt, & la Mer parut toute fanglante autour de notre Barque. La Pirogue fut fendue, & toute remplie d'eau; ce qui n'empêcha point ces furieux, lorfque le mouvement du Vaiffeau nous eut mis à découvert, de nous tirer quantité de fléches qui bleffèrent deux de nos gens. Nous leur en tuâmes un grand nombre à coups de fufil. Les huit autres Pirogues avançant avec la même ardeur, l'obftination de ces miférables commençoit à nous caufer d'autant plus d'inquiétude, que tout notre canon ne portoit point auffi heureufement que le premier coup. Un vieux Capitaine Sauvage voyant M. Rindekly fur le Pont, lui tira un coup de fléche avec tant de violence qu'elle fe brifa contre un anneau de fer de la voile. Il ne le porta pas loin, car fur le champ M. Rindekly lui tira un coup de fufil dans le côté, qui le perça de part en part; & comme il prenoit fon piftolet pour l'achever, le Sauvage, tranfporté de frayeur, fe jetta dans la Mer avec fon arc & fes fléches. Ce qu'il y eut de plus étrange, c'eft que le refte des Sauvages qui étoient dans la Pirogue imiterent son exemple, & se precipitérent après lui. Si les Sauvages des autres Pirogues s'étoient avancés plus promptement, & nous eussent attaqués avec la même résolution, nous aurions eu beaucoup d'embarras à nous défendre; mais ayant vû le feu que nous avions fait sur la premiere, & s'appercevant que nous allions vers eux à toutes voiles, ils prirent l'épouvante, & gagnant le vent à force de rames, ils se sauvérent dans une petite Isle. Quinze ou vingt hommes qui s'étoient jettés à la Mer tous blessés, s'y retirérent aussi à la nage.

Aussi-tôt que nous en fûmes délivrés, nos gens s'efforcerent de sauver quelques Prisonniers qui étoient dans la Pirogue. On en tira facilement deux François; mais lorsqu'on voulut rendre le même service à une fille Angloise qui se fit reconnoître en parlant notre langue, une vieille Sauvage la mordit à l'épaule, & lui enleva autant de chair que ses dents en avoient pû saisir. Mais le Mulâtre que nous avions à bord, ennemi juré des Amériquains, lui tira un coup de pistolet qui lui perça le cou & qui lui fit lâcher prise; ce qui ne l'empêcha point de se jetter une seconde fois sur l'Angloise & de la mordre à la fesse avant que nous l'eussions tirée de la Pirogue. Un Negre à qui notre coup de canon avoit coupé les deux jambes, refusa la main qu'on lui présenta pour le sauver: ensuite s'étant soulevé sur la Pirogue, il se jetta, la tête devant, dans la Mer; mais ses jambes n'étant pas tout-à-fait séparées de son corps, il demeura accroché par cette partie, & se noïa miserablement. On fit aussi les derniers efforts pour sauver une jeune Demoiselle Angloise maîtresse de cette fille qu'on avoit déja tirée dans le Vaisseau; mais la Pirogue ayant achevé de se fendre, nous la vîmes quelque tems sur un coffre, qui nous tendoit les mains. On alloit à elle avec la Chalouppe; le coffre tourna & nous cessâmes de la voir. Pendant que nous nous occupions à sauver ces miserables, le vieux Capitaine Sauvage revint à nous, tout blessé qu'il étoit, & sortant à demi corps hors de l'eau, comme un Triton, avec deux fléches sur la corde de son arc, il les tira dans le Vaisseau & se replongea aussi-tôt dans l'eau. Il revint ainsi genereusement cinq fois à la charge, & les forces lui manquant plutôt que le courage, nous le vîmes défaillir & couler à fond. Un autre vieillard qui s'étoit tenu au gouvernail du Vaisseau, ayant lâché prise, se mit à crier & à nous supplier de lui sauver la vie. J'en priai instament M. Rindekly, qui pour me satisfaire lui fit jetter le bout d'une corde, mais si loin que ce malheureux ne put l'attraper; & voyant qu'il faisoit tous ses efforts pour regagner le Vaisseau, il lui tira au visage un coup de mousquet qui le fit couler à fond. Au commencement du combat, j'avois vû sur l'eau un petit Sauvage qui ne pouvoit avoir que deux ans, s'aidant déja de ses petites mains pour résister aux flots, mais il fut impossible de le sauver. La vieille Sauvage qui avoit reçû un coup de pistolet dans le col & un autre au dessous de la mammelle, eut la force de se sauver à la nage; & la premiere satisfaction que sa vangeance lui fit chercher en arrivant dans l'Isle, fut de prendre un petit François, agé de douze-ans, de le lier par le milieu du corps, & de le traîner le long de la Côte entre les rochers, jusqu'à ce qu'il perdît la vie dans ce tourment. M. Rindekly, désespéré d'un si barbare spectacle, promit aux deux François que nous avions reçus, & dont l'un étoit oncle de cet enfant, que le jour ne se passeroit pas sans qu'ils fussent vangés. Ils nous apprirent que nous étions comme nous l'avions jugé, sur la Côte du Méxique, dans un lieu terrible par la cruauté des Sauvages qui l'habitoient. On les appelle les Chichimeques. Leur Nation est celebre dans les Relations des Espagnols. Elle n'habite que des trous & des cavernes, d'où elle se repand, soit dans l'interieur des terres, soit sur les Côtes, pour y exercer ses brigandages. Un Vaisseau Anglois qui revenoit de Campêche, y ayant été jetté par la tempête, étoit tombé entre les mains de ces Barbares. Ils avoient traité l'Equipage avec la derniere inhumanité, & les malheureux que nous avions sauvés en étoient les restes. Nous consolâmes par nos caresses les deux François, qui étoient des Protestans établis à la Jamaïque. La servante Angloise trouva tout d'un coup une condition fort douce auprès de notre jeune Espagnole qui la prit à son service.

Quoiqu'il n'y eût rien à gagner dans la poursuite des sauvages, le ressentiment de notre propre injure, & le désir de vanger leur derniere barbarie, nous fit prendre la résolution de nous approcher de l'Isle où ils s'étoient réfugiés. Ils y étoient plus de trois cens. Le fond étant excellent dans toute la Baye, nous les serrâmes de si près que nous n'étions point à trente pas du rivage. La crainte de nos armes à feu, dont ils venoient de voir les effets, leur fit prendre le parti de s'éloigner, mais en bon ordre, & la fléche sur leur arc. M. Rindekly fit mettre en piéces toutes les Pirogues, non-seulement pour leur ôter le moyen de nous nuire, mais dans l'espérance que se rapprochant pour les défendre, ils nous donneroient la facilité de leur envoyer une décharge de toute notre artillerie, que nous avions chargée à chaînes & à mitraille. Il sembloit que l'instinct naturel leur fit juger de la portée de nos coups;

car ils s'arrêtérent lorsqu'ils se crurent hors d'atteinte, & sans paroître embarrassés de leurs Pirogues, ils parurent attendre quelle seroit notre résolution. Je representai à M. Rindekly que le châtiment de ces Monstres étoit pour nous une foible satisfaction, & qu'il nous suffisoit d'en être heureusement délivrés. Il se rendit enfin à mes instances, & nous ne pensâmes plus qu'à profiter du vent pour nous éloigner de cette affreuse Baye.

Loin de craindre la rencontre des trois Gardes-Côtes, nous n'aurions pas regardé comme un mal d'en être accompagnés jusqu'à Porto-Bello, ni ce voyage même comme un obstacle à nos projets, si le desir de rendre service à nos deux Amans, n'eut été assez fort pour nous faire souhaiter de prendre une autre route. Mais si nous voulions nous rendre directement à la Jamaïque, nous n'ignorions point quelle seroit la force des courans entre la pointe de l'Isle de Cube, & celle de Merida. Il n'y avoit qu'un vent extrêmement favorable qui pût nous faire surmonter cet obstacle, & nous ne pouvions guéres nous y attendre

tendre au milieu de l'hyver, M. Rindekly panchoit beaucoup à risquer le passage, d'autant plus qu'ayant doublé une fois le Cap de Catoche, & nous retrouvant dans la Mer du Nord, le pis qui pouvoit nous arriver, s'il nous étoit trop difficile de gagner la Jamaïque, étoit de retomber dans la grande Baye de Honduras, ou sur la Côte de Nicaragua, lieux qui convenoient assez à nos espérances de commerce. Et si la même tempête, qui nous avoit jettés dans le Golfe de Mexique, y avoit aussi poussé les Gardes-Côtes, rien ne nous empêchoit d'espérer que nous ne pussions repasser en quelque sorte à la vûë de Carthagéne, pour regagner Rio de la Hacha, qui avoit été notre premier but. Mais tous ces raisonnemens supposoient la liberté de les suivre. A peine eûmes-nous perdu de vûë la Côte des Chichiméques, que sans pouvoir pénétrer d'où vint le changement des courans, dans un tems d'ailleurs assez tranquille, au lieu de se porter suivant leur détermination ordinaire vers le Nord & les Côtes de la Floride, ils nous poussérent impétueusement

Tome I. P

au Sud, vers la Baye de Campêche. Le vent, qui devint Nord-Est vers le soir, acheva de nous jetter malgré nous dans cette route ; & n'ayant pû nous en rendre maîtres pendant toute la nuit, notre étonnement fut extrême, au point du jour, de nous trouver à la vûë d'une Côte plate & sablonneuse, qu'il nous fut impossible de reconnoître dans nos Cartes. Nous jettâmes l'ancre à dix-huit brasses de fond, dans le dessein d'envoyer la Chaloupe au rivage. Dix de nos plus braves gens, qui se chargérent de nous rapporter bien-tôt des informations, furent de retour effectivement avant midi, & nous causérent quelque frayeur en nous apprenant que nous étions sur une autre Côte du Mexique, entre Tampico & Villa-ricca ; mais ce n'étoit plus les Amériquains que nous avions à redouter, puisqu'ils étoient au contraire si humains dans cette Contrée qu'ils avoient fait l'accueil le plus favorable à nos dix hommes ; c'étoient les Espagnols mêmes, qui sont plus jaloux de leur commerce du côté de Veracruz que dans tout autre lieu. Sur les explications que nos gens avoient tirées des Naturels, nous ne pouvions être à plus de douze lieues de Villaricca. Il nous parut impossible d'éviter la rencontre des Gardes-Côtes à si peu de distance de San Juan de Ulva, & nous ne prévîmes que de nouveaux embarras dans cette situation. M. Rindekly fut d'avis de faire valoir encore une fois notre Commission, & de nous rendre ouvertement à Veracruz. Il prétendoit, avec raison, que c'étoit l'unique moyen de nous garantir de tous les soupçons & de toutes les chicanes des Gardes-Côtes. Quoiqu'il fût peu naturel que nous eussions choisi le mois de Décembre pour un voyage de cette sorte, la vraisemblance pouvoit être sauvée par la multitude de nos pertes, qui paroissoient augmenter depuis le départ de la Flota & des Galions. D'ailleurs, comme c'étoit en hyver que la contrebande étoit poussée le plus ardemment, nous résolûmes d'ajouter aux termes de notre Commission que nous avions ordre d'observer par nos propres yeux jusqu'où nos Marchands portoient le désordre dont les Espagnols faisoient tant de plaintes.

Il n'y eut qu'Hélena & son Amant qui ne parurent point satisfaits de ce dessein. Leurs craintes étoient justes ; mais l'interêt de notre sûreté devant l'emporter, nous les rassurâmes en convenant qu'Hélena feindroit d'être malade, & demeureroit au lit pendant qu'on feroit la visite du Vaisseau. A l'égard de son Amant, nous lui fîmes prendre l'habit & le bonnet d'un Matelot, assez sûrs de pouvoir le dérober en mille maniéres à la curiosité des Espagnols. Avec ces précautions, nous nous laissâmes entraîner par le vent, qui nous portoit directement vers la Baye. Mais il devint si impétueux, qu'appréhendant vers le soir les dangers d'une Côte que nous connoissions fort mal, nous prîmes le parti de nous mettre à la rade dans l'embouchure d'une Riviere où nous pouvions passer la nuit en sûreté.

A peine y eûmes-nous moüillé l'ancre, que nous en vîmes descendre une grande Barque, dont nous reconnûmes les Matelots pour des Espagnols. Ils s'arrêtérent d'autant plus facilement à la vûë de notre Vaisseau, qu'ils descendoient avec le vent contraire.

Mais M. Rindekly, s'étant jetté aussitôt dans notre Chaloupe, alla vers eux avec quatre de nos gens, & sans les engager dans aucune explication, il leur demanda naturellement à quelle distance nous étions de San Juan de Ulva, où nous étions fort impatiens d'arriver. Cette ouverture, ayant dissipé leur crainte, ils lui dirent que de Villa-ricca, dont il voyoit la Riviere, on comptoit par Mer quinze ou seize mille jusqu'à San Juan ; mais que du tems qu'il faisoit ils ne lui conseilloient point, dans l'obscurité, de risquer cette route s'il ne la connoissoit bien. Il y alloient néanmoins, parce qu'ils en avoient l'habitude. Il vint à l'esprit de M. Rindekly de faire partir avec eux deux de nos gens pour annoncer notre arrivée, & de leur en demander un des leurs pour nous servir le lendemain de guide. Loin de rejetter cette proposition, ils la reçurent comme une marque de confiance qui les assuroit de nos intentions. Nous leur donnâmes M. Zil, notre Lieutenant, qui sçavoit fort bien l'Espagnol, avec un Soldat, qui parloit aussi cette langue.

Ils nous laiſſérent un Matelot, que nous nous attachâmes encore par la promeſſe d'une bonne récompenſe. M. Zil fut chargé de demander ſimplement la permiſſion d'entrer au Port de Veracruz, pour un Député du Gouverneur de la Jamaïque.

Le Matelot qui nous reſta, m'ayant aſſuré que Villa-ricca n'étoit guéres qu'à trois quarts de mille du rivage, & que nous l'aurions même apperçû dans un tems moins obſcur, je réſolus de ne pas m'éloigner ſans avoir jetté du moins les yeux de plus près ſur un lieu ſi fameux par le premier débarquement de Fernand Cortez, Conquérant du Mexique. C'eſt-là qu'ayant abordé avec cinq cens Eſpagnols, il fit couler à fond ſes propres Vaiſſeaux, pour faire connoître à ſes gens qu'il ne leur reſtoit plus de reſſource pour la fuite, ni d'eſpérance que dans la victoire. Le Matelot, qui vit ma curioſité ſi ardente, m'offrit de me conduire ſur le champ à la Ville. Je remis cette partie au lendemain, & je fis conſentir M. Rindekly à m'accorder deux ou trois heures pour un voyage ſi court. Villa-ricca portoit anciennement le nom de Veracruz, & quantité de gens, qui le lui donnent encore, y ajoutent seulement le mot de Vieja, Vieille, pour la distinguer de la nouvelle Ville du même nom. Sa situation est dans une grande plaine. Elle a d'un côté la Riviere, & de l'autre des campagnes couvertes de sable, que la violence du vent y pousse des bords de la Mer. Ainsi le terroir est fort inculte aux environs. Entre la Mer & la Ville, est une espéce de bruiere qui est remplie de daims rouges, dont les gens de notre Equipage tuérent un grand nombre dans mon absence. La Riviere coule au Sud, & pendant une partie de l'année elle est presque sans eau ; mais elle est assez forte en Hyver pour recevoir toute sorte de Vaisseaux.

La Ville me parut composée de quatre ou cinq cens maisons. Dans le centre est une grande Place, où je remarquai deux arbres d'une prodigieuse grandeur. L'air y est si mal sain, que les femmes quittent toujours la Ville dans le tems de leurs couches, parce que ni elles, ni les enfans qu'elles mettent au monde, ne peuvent résister alors à l'infection ; & par un usage extrêmement singulier, on fait passer le matin dans toutes les ruës des troupes de bestiaux fort nombreuses, pour leur faire emporter les pernicieuses vapeurs qu'on croit sorties de la terre.

Villa-ricca, étant dans cette Mer le Port le plus voisin de la Ville de Mexico, qui n'en est éloignée que de soixante lieues d'Espagne, on a continué fort long tems d'y décharger les Vaisseaux. Ensuite les dangers du Port, que rien ne défend contre la violence des vents du Nord, ont fait choisir aux Espagnols un lieu plus sûr, où est aujourd'hui Veracruz. Avant qu'ils se fussent déterminés à ce choix, les plus riches Négocians de Villa-ricca n'y venoient que dans le tems où les Flottes arrivoient d'Espagne. Ils faisoient leur séjour habituel à Xalapa, Ville située dans un air fort sain, à seize mille de l'autre en avançant dans les terres. Ils se garantissoient ainsi des mauvaises influences de Villa-ricca & de son voisinage ; mais à cette distance de la Mer ils avoient besoin de quatre ou cinq mois pour décharger les

Vaisseaux & pour transporter les marchandises. Une incommodité, si nuisible au commerce, les fit penser à prendre un lieu nommé Buytron, situé seize mille plus bas, sur la même Côte, vis-à-vis l'Isle de San Juan de Ulua, qui n'est guéres à plus de huit cens pas du rivage. Outre la défense que le Port y reçoit de cette Isle contre la fureur des vents du Nord, on trouva qu'il n'y falloit que six semaines pour décharger les Vaisseaux, & ces deux avantages firent prendre la résolution d'y bâtir une Ville, qui est aujourd'hui Veracruz.

Ma curiosité fut bien-tôt satisfaite à Villa-ricca. Cette Ville n'a plus rien qui réponde à l'origine de son nom; car elle ne le reçut des Espagnols, il a plus de deux siécles, que pour célébrer l'abondance d'or qu'ils y avoient trouvée : ses richesses, & le nombre de ses habitans ont diminué à mesure que Veracruz s'est aggrandie. Les maisons ni sont ni belles ni commodes. On y est aussi tourmenté par les morsures de plusieurs animaux venimeux que par l'infection de l'air ; ce qui n'empêche point qu'à peu de distance des murs on ne trouve des bois fort agréables, d'orangers, de limoniers, de guiaves, &c. qui sont remplis d'oiseaux de toutes sortes de couleurs, & des plus jolis singes que j'aye jamais vûs. Je fis des efforts inutiles pour en prendre un à mon retour, & le souvenir de ce qui nous étoit arrivé au Cap de Bonne-Espérance me fit abandonner l'entreprise. Le Matelot qui m'avoit conduit avec deux de nos gens, étoit un Bourgeois fort aisé, qui nous fit servir un bon déjeuné dans sa maison, & qui empêcha, par ses bons offices, que ma curiosité ne fût désagréable aux Habitans. Il étoit environ midi lorsque nous arrivâmes au rivage. M. Rindekly, ne jugeant point qu'il fût nécessaire d'attendre le retour de notre Lieutenant pour mettre à la voile, nous levâmes l'ancre sur le champ, sous la direction du Matelot Espagnol.

En approchant de l'Isle d'Ulua, qui est à l'entrée du Port de Veracrux, ou plûtôt qui sert à le former, nous conçûmes, par sa situation, qu'il auroit été fort dangereux pour nous d'en approcher dans l'obscurité. Nous découvrîmes, à fleur d'eau, quantité de petites roches, qui n'ont au-dehors que la grosseur d'un tonneau. L'Isle n'est elle-même qu'un rocher fort bas, éloigné de la Côte environ d'un mille, & n'a que la longueur d'un trait de fléche dans toutes ses dimensions. Ces défenses naturelles rendent l'entrée du Port extrêmement difficile. Aussi la Ville n'est-elle pas défendue par un grand nombre de Forts. L'Isle d'Ulua contient un Château quarré, qui en couvre presque toute la surface. Il est bien bâti, & gardé par une forte garnison, avec quatre-vingt cinq pieces de canon, & quatre mortiers; les Espagnols le croyent imprenable. Ils nous confessèrent qu'il devoit son origine à la crainte qu'on eut en 1568, d'un Capitaine Anglois nommé Hawking; & nous lisons en effet dans nos Relations, qu'en 1556 le Capitaine Tomson ne trouva dans l'Isle qu'une petite Maison avec une Chapelle. Seulement, du côté qui fait face à la terre, on avoit construit un Quai de grosses pierres, en forme de mur fort épais, pour se dispenser d'y entretenir, comme on avoit fait fort

P vj

long-tems, vingt Négres des plus vigoureux, qui réparoient continuellement les bréches que la Mer & le mauvais tems faisoient à l'Isle. Dans ce mur, ou dans ce Quai, on avoit entremêlé des barres de fer, avec de gros anneaux ausquels les Vaisseaux étoient attachés par des chaînes; de sorte qu'ils étoient si près de l'Isle que les Mariniers pouvoient sauter du pont sur le Quai. Il avoit été commencé par le Viceroi Dom Antoine de Mendoza, qui avoit fait construire deux boulevards aux extrêmités. Hawkes, qui fit le voyage de Carthagéne en 1572, rapporte qu'on s'occupoit alors à bâtir le Château, & Philips nous aprend qu'il étoit fini en 1582.

C'est donc cette Isle qui défend les Vaisseaux contre les vents du Nord, dont la violence est extrême sur cette Côte. On n'oseroit jetter l'ancre au milieu du Port même, ni dans un autre lieu qu'à l'abri du roc d'Ulua. A peine y est-on en sûreté avec le secours des ancres & l'appui des anneaux qui sont aux murs du Château. Il arrive quelquefois que la force du vent rompt tous les liens, arrache les Vaisfeaux, & les précipite contre les autres rochers, ou les pouffent dans l'Ocean. Ces vents furieux ont emporté plus d'une fois des Vaiffeaux & des Maifons, bien loin fur le Continent. Ils caufent les mêmes ravages dans toutes les parties du Golfe de Mexique. Une tempête fait fouvent traverfer toute l'étendue du Golfe au Vaiffeau le plus pefant, & le Capitaine Hawkes rapporte qu'ayant vû nager une grande quantité d'arbres vers le rivage de Veracruz, on lui affura qu'ils y avoient été pouffés, par quelque orage, de la Floride, qui en eft à trois cens lieues. Gage rapporte qu'étant à Veracruz en 1625, il fut témoin des horribles effets d'un ouragan qui renverfa la plus grande partie des Maifons. Une troupe de Moines, nouvellement arrivés, fe croyoient prêts à tous momens d'être emportés dans la Mer, ou d'être enfévelis fous les édifices. Ils quittérent leur lit pour aller attendre à découvert la fin de la nuit, & celle de la tempête. Mais, le matin, les autres Moines du Pays, qui étoient accoutumés à ces avantures, rirent beaucoup de leur crainte, & les assurérent qu'ils ne dormoient jamais mieux que lorsqu'ils étoient ainsi bercés dans leur lit. Cependant Gage, & les Moines étrangers, prirent si peu de confiance à la tranquillité des autres qu'ils remontérent promptement dans leur Vaisseau.

Depuis le mois de Mars jusqu'au mois de Septembre les vents de commerce soufflent dans le Golfe du Mexique entre le Nord-Est & le Sud-Est. Mais, depuis Septembre jusqu'au mois de Mars c'est le vent de Nord qui régne, & qui produit d'affreux orages, sur-tout aux mois de Novembre, de Décembre & de Janvier. Cependant il y a des intervalles de tranquillité & de beau tems, sans quoi l'on n'oseroit entreprendre de naviguer dans cette Mer. Les marées mêmes, & les courans y ont peu de régularité. En général, le vent du Nord fait remonter les flots vers les Côtes, ce qui rend l'eau beaucoup plus haute alors, au long du rivage.

Le Port de Veracruz n'est pas assez spacieux pour contenir un grand nombre de Vaisseaux. Il y en avoit à notre arrivée trente-quatre ou trente-cinq, qui paroissoient fort pressés, & comme l'un sur l'autre. On y peut entrer par deux Canaux, l'un au Nord, par lequel nous arrivâmes, l'autre au Sud. Outre l'Isle de San Juan de Ulua, il y en a trois ou quatre autres plus petites, que les Espagnols appellent *Cayos*, & les Anglois *Keys* ou Clés. A deux milles au Sud, est celle des Sacrifices, dont notre Matelot nous raconta des choses surprenantes, à l'occasion des Isles de Gallega, d'Anagada, & de quelques autres que nous apperçûmes en venant du Nord. Grijalva, nous dit-il, le premier Espagnol qui aborda sur cette Côte en 1518, c'est-à-dire avant Fernand Cortes, ayant commencé par découvrir l'Isle des Sacrifices, qui lui parut bien peuplée, y débarqua une partie de ses gens. Entre plusieurs édifices d'une fort belle structure, il y trouva un Temple, avec une Tour extrêmement singuliere. Elle étoit ouverte de tous côtés, & l'on y montoit par un escalier qui étoit au milieu, & qui conduisoit à une espece d'Autel, sur lequel on voyoit des figures horribles. Auprès de ce lieu Grijalva découvrit les cadavres de cinq ou six hommes qui avoient été sacrifiés la nuit précedente, ce qui lui fit donner à l'Isle le nom d'Isle des Sacrifices. L'année d'après, Cortès, étant venu dans le même lieu, y trouva aussi des figures affreuses, des papiers ensanglantés, & quantité de sang humain qu'on avoit tiré des victimes. Il y trouva le bloc sur lequel on faisoit les sacrifices, & les rasoirs de pierre qui servoient à ces barbares exécutions, ce qui remplit les Espagnols d'horreur & de crainte. Ils ne laissérent pas de choisir d'abord ce lieu pour y décharger leurs marchandises; mais ils furent bien-tôt forcés de l'abandonner par les insultes des Diables & des mauvais Esprits qui ne leur laissérent point de repos. Aux environs de toutes ces petites Isles, la Mer est extrêmement poissonneuse.

A peu de distance du Port, nous en vîmes sortir plusieurs Barques, qui venoient au-devant de nous, & qui marchant l'une après l'autre sur la même ligne, nous firent juger de la difficulté qu'il y avoit à passer au travers des rochers. D'ailleurs, on a pris soin de marquer les plus dangereux par diverses enseignes, qui servent de direction pendant le jour. Mais c'étoit moins pour nous guider, que pour s'assurer de nos intentions, qu'on envoyoit quelques Officiers à notre rencontre. Il fallut essuyer leur visite & leurs recherches. M. Zill parut immédiatement, avec un Député du Gouverneur, qui étoit chargé de lire notre Commission, d'en prendre une copie, & de nous marquer le lieu où nous devions jetter l'ancre, contre les murs de San Juan de Ulua.

Il resta dans notre Vaisseau deux Commis de la Douane, qui nous refusérent la liberté de descendre dans l'Isle pour visiter le Château. Le lendemain, on vint offrir au Capitaine celle d'aller à la Ville, pour être conduit à l'Audience du Gouverneur. Nous conçûmes que nous ne serions pas moins observés qu'à Carthagéne. Cependant je résolus de suivre M. Rindekly, & de faire en chemin toutes les remarques qui pourroient enrichir mon Journal. En approchant de la Ville, sa figure me parut ovale, mais plus large dans la partie du Sud-Est que dans celle du Nord-Ouest. Sa longueur est d'environ un demi mille, & sa largeur de la moitié. Les rues sont droites, les maisons réguliéres, quoique la plûpart des édifices, jusqu'aux Eglises, soient bâties de bois; ce qui a produit souvent des incendies terribles. Au Sud-Est coule une Riviere, qui prenant sa source au Sud, descend vers le Nord jusqu'à ce qu'elle arrive près de la Ville, & delà se jette dans la Mer au Nord-Est, par deux bras qui forment une petite Isle à son embouchure. La Ville est située dans une Plaine sablonneuse & stérile, environnée de Montagnes, au-delà desquelles on trouve des bois remplis de bêtes sauvages, & des prairies pleines de bestiaux. Du côté du Sud sont de grands marais, qui contribuent beaucoup à rendre l'air mal sain. Le vent du Nord pousse, comme à Villa-ricca, tant de sable du bord de la Mer, que les murs de la Ville en sont presque entiérement couverts.

En descendant sur le rivage, il m'arriva un accident qui favorisa mes observations. Je saignai du nez avec tant de violence, que nos Guides furent obligés de me faire entrer dans une maison où je reçus quelque secours, tandis que M. Rindekly fit sa visite au Gouverneur. La satisfaction que j'eus de me voir libre servit sans doute à me rétablir. Je priai le Maître de la maison où j'étois, de me procurer la vûë de la Ville. Il n'avoit pas d'ordre qui pût l'en empêcher. Je vis plusieurs Eglises que je trouvai belles & fort riches en argenterie. Les maisons sont remplies de Porcelaine & de meubles de la Chine. Il y a peu de Noblesse à Veracruz; mais les Negotians y sont si riches qu'il n'y a gueres de Villes aussi opulentes dans l'Univers. La plûpart des Habitans sont Mulâtres. Cependant ils affectent de s'appeller blancs, autant parce qu'ils se croyent honorés de ce titre, que pour se distinguer des Negres leurs esclaves. Leur nombre ne surpasse pas trois mille, & parmi eux on passe pour un homme sans consideration, lorsqu'on n'est pas riche au moins de cent mille livres sterling.

Ils se nourissent de chocolat & de confitures. Leur sobrieté est extrême. Les hommes sont fiers. Les femmes sont continuellement retirées dans leurs appartemens d'enhaut, pour éviter la vûë des Etrangers, qu'elles verroient pourtant fort volontiers si leurs maris leur en laissoient la liberté. Si elles sortent quelquefois de leurs maisons, c'est en chaise ou dans un carosse, & celles qui n'ont pas de voiture sont couvertes d'un grand voile de soie qui leur pend de la tête jusqu'aux pieds, avec une petite ouverture du côté droit, pour leur faciliter la vûë du chemin. Dans leurs appartemens, elles ne portent sur leur chemise qu'un petit corset de soye lacé d'un trait d'or ou d'argent, & sur la tête, leurs seuls cheveux noüés d'un ruban. Avec un habillement si simple, elles ne laissent pas d'avoir autour du col une chaine d'or, des bracelets du même metal, & des émeraudes fort précieuses à leurs oreilles.

Les hommes entendent fort bien le commerce; mais leur indolence naturelle, leur donne de l'aversion pour le travail. On leur voit des Chappelets & des Reliquaires aux bras & au col, & toutes leurs maisons sont remplies d'images de Saints & de statues.

L'air est aussi chaud que mal-sain dans toutes sortes de vents, excepté celui du Nord, qui souffle ordinairement une fois tous les huit ou quinze jours, & qui dure l'espace de vingt ou de vingt quatre heures. Il est alors si violent qu'on ne peut pas même sortir d'un vaisseau pour aller au rivage, & le froid qu'il porte avec lui est très perçant. Le tems où l'air est le plus mal-sain, est depuis le mois d'Avril jusqu'au mois de Novembre, parce qu'il pleut alors continuellement. Depuis Novembre jusqu'au mois d'Avril le vent & le Soleil qui se temperent mutuellement, rendent le païs fort agréable.

Le climat chaud & mal-sain continüe l'espace de quarante ou quarante cinq milles vers la Ville de México; après quoi, l'on se trouve dans un air plus tempéré. Les fruits, quoiqu'excellens, y causent des flux dangereux, parce que tout le monde en mange avec excès, & qu'on boit ensuite trop avidement de l'eau. La plûpart des Vaisseaux étrangers y perdent ainsi une partie de leur Equipage; mais les Habitans mêmes ne tirent là-dessus aucun avantage de l'expérience. Mon Guide me fit appercevoir deux montagnes couvertes de nége, dont le sommet est caché dans les nues, & qu'on voit fort distinctement dans un tems serain; quoiqu'elles soient éloignées de plus de quarante milles. Elles sont sur la route de México, & c'est là que commence proprement la différence du climat.

Les oiseaux & les autres Bêtes y sont les mêmes que dans les autres contrées de l'Amerique. On trouve néanmoins aux environs de Vera-cruz, un oiseau qu'on nomme Cardinal, parce qu'il est tout à fait rouge. Il s'apprivoise facilement, & son ramage est délicieux. Il apprend aussi à siffler, comme les Serins de Canarie.

Vera-cruz est non-seulement le principal, mais à parler proprement, l'unique Port du Méxique. On peut regarder cette Place comme le magasin de toutes les marchandises & de tous les trésors qui sont transportés de la nouvelle Espagne en Europe. Les Espagnols, & le monde entier peut-être, n'ont point de lieu dont le commerce soit si étendu ; car c'est là que se rendent toutes les richesses des Indes Orientales par les Vaisseaux d'Accapulco ; c'est le centre naturel de toutes celles de l'Amérique, & la Flotta y apporte annuellement de la vieille Espagne des marchandises d'une immense valeur. Le commerce de Vera-cruz avec México, & par México avec les Indes Orientales ; avec le Perou, par Porto Bello ; avec toutes les Isles de la Mer du Nord par Carthagêne ; avec Zapotecas, & Ildephonse & Guaxaca, par la riviere d'Alvarado ; avec Tabasco, Los-Zeques, & Chiapa de Indos par la riviere de Grijalva, enfin celui de la vieille Espagne, de Cuba, de Saint Domingue, de Jucatan, &c. rendent cette petite Ville si riche qu'elle peut passer pour le centre de tous les tresors & de toutes les commodités des deux Indes. Comme le mauvais air du lieu cause le petit nombre des Habitans, leur petit nombre fait aussi qu'ils sont extrémement riches, & qu'ils le seroient bien davantage, s'ils n'avoient pas souffert des pertes irreparables par le feu,

Les marchandises qui viennent de l'Europe sont transportées de Vera-cruz à Mexico, Pueblo Delos Angelos, Sacatecas, Saint-Martin, & dans d'autres lieux, sur le dos des Chevaux & des Mulets, ou sur des chariots traînés par des Bœufs. La Foire ressemble à celle de Porto-Bello, mais elle dure plus longtems; car le départ de la Flota, quoique fixé régulierement au mois de Mai, est quelquefois différé jusqu'au mois d'Août. On n'embarque l'or & l'argent que peu de jours avant qu'on mette à la voile. Autrefois le Trésor Royal étoit envoyé de Mexico pour attendre à Vera-cruz l'arrivée de la Flota : mais depuis que cette Place fut surprise & pillée en 1683 par les Boucaniers, il s'arrête à vingt lieues de Mexico, dans une ville nommée Los Angelos, où il demeure jusqu'à l'arrivée de la Flota ; & sur l'avis qu'on reçoit de Vera-cruz, on l'y transporte pour l'embarquer.

Il s'est glissé beaucoup d'erreur dans la Géographie, sur la situation de cette Place. Quelques-uns la mettent au 18e dégré de latitude, & d'autres au 18ᵉ 30 minutes. La Carte de M. Popple marque 18 dégrés 48 minutes; le Capitaine Hawkins veut 19 dégrés. Mais suivant les observations de Carranza, Pilote de la Flote en 1718, Vera-cruz est au 19ᵉ dégré 10 minutes; ce qui fait deux minutes de moins que ne l'a prétendu M. Harris dans des observations postérieures. On ne s'est pas moins trompé à l'égard de la longitude, qui suivant la Carte de M. Popple est à 100 dégrés 54 minutes de Londres; au lieu que par les observations des Espagnols en 1557, elle est seulement de 97 dégrés 50 minutes; & M. Harris la fait moindre encore de deux minutes.

Mais quantité de Cartes ont commis une faute beaucoup moins excusable en confondant l'ancienne & la nouvelle Vera-cruz. Dans la Carte de M. Popple & dans l'*Atlas maritimus*, l'Isle de San Juan de Ulua est placée avec son Château vis-à-vis l'ancienne Ville, autrement nommée Villa-ricca, & l'Isle des sacrifices qui n'est qu'à deux milles de celle d'Ulua & à un mille de la Côte, est reculée

Tome I. Q

de quarante milles, & séparée de la Côte d'environ trente milles. Quoique l'Auteur du *Geographe complet* distingue par les noms Vera-cruz de San Juan de Ulua, il semble néanmoins qu'en mettant le Château à Vera-cruz il confond mal à propos ces deux Places.

Mon Guide qui se nommoit Paçollo, & dont je ne puis trop louer la politesse, étoit un Chirurgien qui avoit assez voiagé pour secouer le joug des préjugés communs de sa Nation. Il étoit établi depuis quinze ans à Vera-cruz, & sa mémoire conservoit fidellement le malheur que cette Ville avoit essuié en 1712. Il me raconta que les Boucaniers excités par le désir du pillage, résolurent de surprendre les Espagnols, & qu'ayant pris terre quinze ou seize milles audessus du Port, ils laisserent leurs Vaisseaux à l'ancre au long de la Côte. Leurs forces composoient environ six cens hommes. Ils firent onze ou douze milles de chemin pendant la prémiere nuit, & le jour suivant, ils se tinrent cachés derriere les monceaux de sable que le vent jette continuellement sur la terre. Ayant quitté leur retraite à l'entrée de la seconde nuit, ils reglerent leur marche pour arriver aux portes de la Ville vers le tems où l'on a coutume de les ouvrir. Lorsqu'ils furent à quelque distance, ils firent alte; & s'étant fait précéder d'un petit nombre de leurs gens les plus résolus, qui sçavoient la langue Espagnole; un de ceux-ci ne vit pas plutôt la porte ouverte qu'il monta par l'escalier d'une petite Tour qui conduisoit sur la terrasse du Bastion, où sous prétexte de demander du feu pour allumer sa pipe, il s'approcha du Soldat qui étoit en sentinelle & le tua d'un coup de pistolet. C'étoit le signal auquel les autres devoient se saisir de la porte. Ils y reussirent heureusement, & le corps de leurs compagnons qui n'étoit pas éloigné survint au même moment pour les soutenir. Ils n'eurent pas plus de peine à se rendre maîtres d'un petit ouvrage qui étoit à la suite du prémier. Quelques-uns de leurs gens demeurerent à la garde de ces deux postes, tandis que les autres se rendirent en corps à la place de la parade. La plûpart des habitans étoient encore au lit ; mais l'allarme s'étant bien-tôt répandue, ils se rassemblérent, les uns à pied, les autres à cheval, & s'avancérent en bon ordre par une de leurs plus grandes rues, pour venir charger l'ennemi. Les Boucaniers avoient eu le tems de se préparer à les recevoir. Aussi leur défense fut-elle admirablement concertée. Ils placérent une partie de leurs gens à l'entrée de la rue par où venoient les Espagnols, avec ordre de faire feu lorsqu'ils les verroient à la portée du fusil. Ensuite un autre rang succedant aussi-tôt au premier, ils continuerent ainsi de leur faire essuyer chacun leur décharge, ce qui leur tua tant de monde, & causa tant d'épouvante à leurs chevaux, que ne pouvant se remettre de ce désordre ils tournérent le dos avec des cris effroyables. Ils furent poussés sans relâche jusqu'à l'autre porte de la Ville, & sortant impétueusement pour se sauver dans la campagne, ils abandonnérent leurs maisons & leurs familles à la discretion des Boucaniers.

D'un autre côté, le Château d'Ulua prenant l'allarme, fit aussi-tôt feu de toute son artillerie sur la Ville, pour en chasser l'ennemi. Cette diversion effraya d'abord les Boucaniers. Cependant ayant tenu Conseil; ils prirent la résolution de se saisir d'une partie des Prêtres & des Moines de la Ville. Ils coupérent la tête à quelques-uns des plus respectables, & faisant porter ce présent au Gouverneur du Château, ils lui déclarérent que s'il ne cessoit de tirer ils feroient le même traitement à tous les autres Prêtres. Une barbarie de cette nature ne fit qu'irriter le Gouverneur. Il redoubla le feu de son canon, & les Boucaniers, qui en étoient fort incommodés, n'eurent point d'autre ressource que de fermer toutes les portes de la Ville, pour empêcher le reste des habitans d'en sortir, & de les rassembler tous dans cette partie de la Ville qui étoit la plus exposée à l'artillerie du Château. Alors le Gouverneur, effrayé pour la vie d'une infinité d'honnêtes gens, qu'il se crut beaucoup plus interessé à conserver que leurs biens, fit cesser son canon. Les Boucaniers eurent toute la liberté qu'ils désiroient pour piller la Ville; & s'étant chargés de toutes les richesses qu'ils purent emporter, ils emmenerent encore quelques-uns des principaux habitans en otage, pour s'assurer le payement d'une somme considérable qu'ils exigérent pour n'avoir pas brûlé la Ville. Les Espagnols ont bâti depuis ce tems-là, sur la Côte, des Tours fort élevées, où ils entretiennent continuellement des sentinelles, qui les garantissent de ces terribles surprises. Ils avoient essuyé en 1683, une disgrace de la même nature, qui auroit dû réveiller plûtôt leur prudence.

Après une heure de promenade, pendant laquelle M. Pacollo me raconta des choses incroyables de la puissance & des richesses du Roi d'Espagne, nous retournâmes à sa maison, où il m'offrit une collation de Chocolat, de confitures, & d'excellens fruits. J'avois payé si libéralement le secours qu'il m'avoit donné pour arrêter mon sang, que la valeur de ses rafraîchissemens y étoit comprise. En homme que ses voyages avoient guéri des scrupules du vulgaire, il me fit voir sa femme & ses enfans, qui auroient passé en Angleterre pour de vrais Nègres, tant leur couleur étoit brune & tannée. Les Espagnols de Carthagene sont beaucoup moins noirs, quoique leur position soit plus méridionale ; & notre Helena devoit craindre peu d'être reconnuë parmi des gens qui l'auroient regardée comme un prodige de blancheur.

Les Officiers qui avoient conduit M. Rindekly à l'Audience, revinrent avec lui, & nous déclarérent que leurs ordres portoient de nous reconduire sur le champ à notre bord. Je ne sçus qu'après qu'ils nous eurent quitté, la réponse que M. Rindekly avoit reçue du Gouverneur. Elle avoit été beaucoup plus dure que celle des Gouverneurs de la Havana & de Carthagene ; car il nous avoit rendu plaintes pour plaintes ; & croyant les Espagnols beaucoup plus offensés, par le commerce clandestin, que nous par les efforts qu'ils faisoient pour l'empêcher, il avoit protesté qu'indépendemment des ordres de sa Cour, il ne laisseroit échapper aucune occasion de venger l'Espagne. M. Rindekly ayant repliqué que nous ne demandions point grace pour les coupables ;

mais qu'il arrivoit trop souvent aux Espagnols d'abuser de leur prétexte pour insulter des Anglois qui ne pensoient point à leur nuire ; on lui avoit dit avec beaucoup de hauteur que toute injustice & toutes pertes compensées, le désavantage étoit si visiblement du côté de l'Espagne, que c'étoit une raison de plus pour se ressentir vivement de l'infraction que nous faisions continuellement au traité, & qu'au reste le fond de nos différens devoit être jugé dans les deux Cours.

Le vent, quoique médiocre, étant demeuré Nord pendant cinq jours, on ne nous pressa point de sortir du Port ; mais au premier changement, les Commis, qui n'avoient pas quitté notre Vaisseau, nous avertirent qu'un plus long retardement rendroit nos intentions suspectes. L'impatience que nous avions de partir égaloit au moins celles qu'ils avoient de recevoir nos adieux. Nous sortîmes par le Canal du Sud, & nous passâmes contre l'Isle des Sacrifices, qui nous rappella les recits fabuleux du Matelot. M. Rindekly avoit mis en délibération si nous ne tenterions point la fortune à l'embouchure de la Riviere Alvarado, ou dans quelqu'autre lieu de la Baye de Campêche. Mais, outre que cette Mer est fort observée, il y avoit peu d'apparence de trouver beaucoup de richesses parmi les Amériquains de la nouvelle Espagne, qui sont trop voisins des principaux sieges du commerce de l'Espagne. Nos espérances étoient dans les Mers inférieures, & si nous eussions entiérement perdu celle de gagner Rio de la Hacha, nous aurions mieux aimé faire une tentative du côté de Truxillo, où M. Rindekly étoit bien informé qu'on trouvoit des Perles & de l'or en divers endroits de la Côte.

Après avoir attendu quelques jours le vent que nous désirions, nous l'eûmes tout-d'un-coup Nord-Ouest, c'est-à-dire, fort propre à nous faire sortir au moins du Golfe du Mexique en remontant par la route que la Flota prend réguliérement pour y entrer. Ce fut une faveur du Ciel dans la saison où nous étions. Mais ce qui nous avoit été si favorable pour doubler San Antonio, cessa de l'être à la hauteur de Cuba. Tous les efforts que nous fîmes pour nous rapprocher du Continent n'aboutirent qu'à la perte de notre grand mât qui fut brisé par la violence du vent ; & le Vaisseau ayant souffert d'autres atteintes, nous prîmes le parti, à la joie extrême de nos deux Amans Espagnols, de relâcher à la Jamaïque dont nous n'étions pas fort éloignés.

Fin du premier Tome.

www.ingramcontent.com/pod-product-compliance
Lightning Source LLC
Chambersburg PA
CBHW060613170426
43201CB00009B/1003